AF481134

LA HISTORIA DE LA HERMANDAD

DE LA LUZ EN EL PLANETA TIERRA

TERCER LIBRO DE LAS CIENCIAS DE LA EVOLUCIÓN LUMÍNICA

BASADO EN LAS ENSEÑANZAS DE

LOS CÓDIGOS DE ÁNGELUS SOPHÍA

EL DESPERTAR DE LA SABIDURÍA

AUTORA

Luz Estella Obando

Todos los derechos reservados. Queda prohibida la reproducción total o parcial de este libro, por cualquier medio o procedimiento, sin para ello contar con la autorización previa, expresa y por escrito de su autor. Su publicación autorizada debe llevar la fuente (©La Historia de la Hermandad de la Luz en el Planeta Tierra ©Luz Estella Obando)

Diseño de carátula: María Lucía Trujillo

Revisión del texto: Natacha Henríquez Paneyko

©La Historia de la Hermandad de la Luz en el Planeta Tierra

©Luz Estella Obando

ISBN: 978-958-48-2876-7

ESTE LIBRO HACE PARTE DE LAS ENSEÑANZAS DE LA

LA CIENCIA DE LA LUZ

El propósito de este libro es comprender qué es la Estirpe de la Luz, cómo está conformada y de qué manera hace parte del plan para la Evolución Lumínica del planeta Tierra y de la estirpe que lo habita.

NOTA DEL AUTOR:

Esta información hace parte de las canalizaciones hechas por el autor y no necesariamente existen soportes de estas, aunque en ocasiones sí parece entrecruzarse con hechos ya documentados.

Lo que se pretende es entregar esta información a la luz pública sin afirmarla ni negarla. Mas, sin embargo, me he esforzado en investigar y clasificar hechos históricos y científicos que ayuden a soportar lo aquí dicho. Esta información se entrega como parte de un conocimiento que le es develado a la humanidad, a través de canales, que tienen la misión de trasmitirlo.

Muy particularmente en esta cartilla hablaremos de la Hermandad de la luz y la misión que esta vino a cumplir en este planeta, especialmente en estos últimos días, en el renacer de la Conciencia Lumínica. Estos documentos son un regalo de la Hermandad de la Luz para la evolución del planeta. Para recuperar una ciencia olvidada, una historia sagrada destruida por la ignorancia, pero salvada en los Registros Akáshicos del Universo.

Contenido

NOTA DEL AUTOR: 4

INTRODUCCIÓN 7

PRÓLOGO 8

CAPÍTULO I 10

CÓMO ESTÁ CONFORMADA LA HERMANDAD DE LA LUZ 10

EL ORIGEN DE LA RAZA LUMÍNICA 11

CAPÍTULO II 25

LA HISTORIA DE LOS HIJOS DE LA LUZ 25

CAPÍTULO III 38

PRIMER PACTO DE LA HERMANDAD DE LA LUZ 38

CAPÍTULO IV 48

LA HISTORIA DE LA HERMANDAD DE LA LUZ EN EL PLANETA TIERRA 48

CAPÍTULO V 57

TRAS LA HUELLAS DE LA ESTIRPE DE LA LUZ 57

CAPÍTULO VI 65

LA LEYENDA LEMURIANA DEL PUEBLO XENECA 65

LA HISTORIA DE UNA PROFECÍA "LA LEYENDA DEL AVE FÉNIX" 73

CAPÍTULO VII 88

LA HERMANDAD DE LA LUZ 88

CAPÍTULO VIII 98

LOS TRABAJADORES DE LA LUZ 98

CAPÍTULO IX 120

LOS PORTALES LUMÍNICOS 120

CAPÍTULO XI 128

EL PORTAL LUMÍNICO DE SANTA SOPHÍA....................128

PORTAL 9-9-9 128

CAPÍTULO XI 134

LOS RAYOS CÓSMICOS Y SU RELACIÓN CON LA HERMANDAD LUMÍNICA...134

LA CLASIFICACIÓN DE LOS RAYOS DEL UNIVERSO ..134

CAPÍTULO XII...150

EL PLAN DE LA HERMANDAD DE LA LUZ PARA EL AMANECER DE UN NUEVO DÍA 150

Epílogo: La Escuela Rayo Único 155

Vamos a dar comienzo a una nueva era y con ella un renacer para el planeta Tierra. Para esto la Hermandad de la Luz ha distribuido en todo el planeta *Seres de Luz* con funciones muy específicas. La meta final es la evolución de la Consciencia de la raza humana, para así dar un salto cuántico hacia una cuarta dimensión de consciencia, la dimensión del amor, la paz y la armonía.

Antes de adentrarnos en el estudio profundo sobre la Hermandad de Luz en el planeta Tierra, diremos que esta Hermandad es de origen Divino. Algunos de sus miembros han encarnado en este mundo para cumplir una misión de evolución como Maestros de la Luz. Los Maestros de la Luz están conformados por la estirpe ELOHIM o Hijos de la Luz.

La Biblia dice textualmente: "Los ELOHIM poblaron la Tierra". ELOHIM es un vocablo que significa dioses. Si nos remontamos a la raíz de esta palabra, veremos que nace del vocablo Eli-ha (hijos de ELLYÓN masculino) o ELOHA (hijos del espíritu femenino de ELLYON, la DIVINA SOPHIA), los ELOHIM por ende son andróginos en esencia, vienen del mundo de la Luz, son seres etéreos codificados en Luz y como descendientes de los Hijos del Sol poseen una energía ígnea luminosa, aunque esta la posea solo la estirpe MELQUISEDEC como gen activo, pues los MELQUISEDEC pertenecen a la estirpe masculina de la casa de la Luz. En las demás estirpes el gen es recesivo.

Es importante comprender que la Estirpe de la Luz tiene una raíz única que se ha dividido para formar las diferentes estirpes que

nacen de dos troncos principales: los HA-
BELL, Hijos de la Luz, y los MELQUISEDEC,
Hijos del Sol, estos a su vez se auto-dividieron
para formar las constelaciones de la Luz.
Existen en el Universo tantas constelaciones
como mutaciones sufridas por los soles y
mientras más separada esté la constelación del
Sol principal o tronco de la estirpe, más lejos
están sus hijos del mundo de la Luz, y menos
Consciencia lumínica poseen.

En esta cartilla conoceremos el origen
de los Hijos de la Luz, su relación con los
Rayos Lumínicos, y qué servicio prestan cada
uno de ellos a nuestro planeta.

CAPÍTULO I

CÓMO ESTÁ CONFORMADA LA HERMANDAD DE LA LUZ

Somos los Hijos de la luz, de la estirpe
ELOHIM, (MELQUISEDEC,
STELLARIUM, SÓPHICA, ARCTURIANA)

*Estamos en este planeta cumpliendo con la promesa que hizo nuestro Padre **ELLYÓN**, El Altísimo, promesa hecha para el final de los tiempos, cuando se ha de levantar el castigo para la raza humana y la Luz de una nueva Era brille con todo su esplendor.*

EL ORIGEN DE LA RAZA LUMÍNICA

ELLYÓN, TAMBIÉN LLAMADO el Altísimo, es el Padre de la Estirpe de la Luz, estirpe que a su vez está dividida en dos:

1- **LOS MELQUISEDEC,** también conocidos como los soles, pertenecen a la casa masculina de la Luz, de la Fuerza, el Poder y la Energía, estos a su vez están acompañados de sus hermanas las **STELLAS**, también llamadas las luminarias, encargadas de alinear los polos magnéticos del Universo.

2- **LOS HA-BELL** o Hijos de la Luz**,** representan la casa femenina de la Luz que está conformada por las hijas **SÓPHICAS,** y por sus hermanos los **ARCTURIANOS**.

HELIÓN fue hijo de **ELLYÓN**, y padre de **HELIOS,** y es el tronco de la estirpe del sol, formada por los **MELQUISEDEC** llamados también Logos Solares y las **STELLAS** llamadas las Luminarias, pertenecientes a la estirpe del Fuego Solar. A estos les fue dada la progenitura de la Estirpe de la Luz. Ellos habitan en la constelación de Orión y son también conocidos como la estirpe del León.

La constelación de Leo (*Regulus α cor Leonis*) está compuesta por dos estrellas, una azul y una blanca, los nombres de estas estrellas significan, "pequeño rey" y "corazón de león", esta última era la líder de las cuatro estrellas reales, las otras tres son: Aldebarán, Antares, y Fomalhaut.

La civilización mesopotámica asociaba esta constelación con el rey Sol, los egipcios la relacionaban con Osiris, y para los romanos estaba representada por el carro solar en el cual el dios HELIOS salía a cazar.

La progenitura no siempre estuvo en cabeza de la estirpe MELQUISEDEC, en el principio de los tiempos estuvo en cabeza de PISTHIS SOPHÍA, (primera emanación de ELLYÓN, El Altísimo), Ella es la madre de la estirpe SÓPHICA y dueña del Diamante de la Sabiduría.

La progenitura de la Estirpe de la Luz descansaba en la casa femenina de la Sabiduría y esta casa tiene la realeza más alta de la Estirpe de la Luz, ellas son las madres de la Estirpe **ELOHIM**.

La **ESTIRPE SÓPHICA** tiene su origen en Sirius en la constelación del Can, mientras sus hermanos los *ARCTURIANOS* vienen de *ARCTURUS* en la constelación de la Osa mayor.

ELEGÍAS, padre de la Estirpe de la Sabiduría, es un Ser sabio que supo acatar la voluntad de su padre con una humildad infinita y con mucha dignidad entregó su progenitura a su hermano *HELIÓN*, fue por eso que su padre el Altísimo miró su casa con ojos de misericordia y dijo:

"Porque has actuado con sabiduría y humildad acatando la voluntad de tu padre, entregándole la progenitura a tu hermano sin oponer resistencia alguna y sin que tu alma se turbara, porque con humildad asumiste tus culpas y con voluntad ocupaste el segundo lugar crístico, entonces yo bendeciré tu actuar y devolveré a tu estirpe la progenitura en cabeza de tus hijas y sus hijos serán llamados Hijos de la Luz o Logos Lumínicos, y tú anunciarás la venida del que ha de venir, el Mesías será el hijo de HELIÓN pero también de ELEGÍAS; entonces antes de que venga el que ha de venir vendrá el que fue primero anunciando la llegada de un nuevo amanecer, el despertar de ÁNGELUS SOPHÍA y con ella una nueva Sabiduría que brillará en la galaxia como su doble etéreo, la estrella matutina anunciando el amanecer de un nuevo día".

Con el fin de enmendar un poco la tragedia acontecida con el rapto de PISTHIS SOPHÍA (hija de ELEGÍAS, esposa de HELIÓN, y madre de HELIOS) y cumpliendo su promesa, el Altísimo decidió fusionar las dos casas a través de la unión de HELIOS, hijo de HELIÓN, con HAGIA SOPHÍA, doble etéreo de PISTHIS SOPHÍA; de esta unión nacieron los doce reyes o Arcángeles regentes del Cosmos, y doce luminarias o reinas de la luz.

Se dio el doble nacimiento de la progenitura en las cabezas del ARCÁNGEL GABRIEL ELEGÍAS padre del ARCÁNGEL METATRÓN de la casa de la sabiduría y el ARCÁNGEL MIGUEL MELQUISEDEC, padre de HELIOTRÓN, padre de la casa de los soles.

De la unión entre HELIOS y HAGIA SOPHÍA nacieron las doce reinas de la Luz cuya progenitura descansa también en el doble nacimiento de STELLA MARIS, heredera de la estirpe de las luminarias, y LUZ SOFÍA heredera de la casa de la Luz.

Estas dos reinas se desposaron con MIGUEL y GABRIEL respectivamente, siendo MIGUEL ARCÁNGEL y STELLA MARIS la pareja regente del Cosmos y Padres de los logos solares cuyo primogénito fue HELIOTRÓN, padre de los doce rayos lumínicos, también denominados Logos Lumínicos.

HELIOTRÓN desposó a ISHA-BELL (la que es como la Luz), hija de GABRIEL ELEGÍAS de la casa HABELL de la Luz. HELIOTRÓN e ISHA-BELL tuvieron doce hijos llamados los Logos Lumínicos o Príncipes Celestiales, a cada uno de ellos se les asignó una galaxia. La galaxia de Satania le fue dada a **MIKAEL MELQUISEDEC DE ALDEBARÁN**, quien ostenta dos títulos: guerrero de la Luz, como comandante y jefe de los ejércitos intergalácticos de la Luz por parte de su padre y sacerdote de la Luz como herencia de la casa de su madre de estirpe *ARCTURIANA.*

MICHAEL MELQUISEDEC fue asignado como comandante y jefe de las galaxias y su sede fue Aldebarán, sitio donde confluyen el Norte y el Sur galácticos y se marca el límite entre la luz y la oscuridad, para darle cabida al mundo de la sombra, es allí donde está atrapada la galaxia de Satania, sistema donde se halla nuestro planeta.

La misión de la Estirpe de la Luz es elevar este sistema al mundo de la Luz, y para ello se deben librar cruentas batallas contra los ejércitos de la oscuridad de ***ZEUS SATANAEL***, quien controla toda esta galaxia.

Los problemas intergalácticos no han sido del todo resueltos, ZEUS SATANAEL y MIKAEL DE ALDEBARÁN libran feroces batallas desde épocas inmemoriales del Cosmos, desde cuando STELLA MARIS, madre de HELIOTRÓN (Apolo, para la mitología griega) y esposa de MIGUEL fue raptada, y más tarde, al ser rescatada por sus hermanos ARCTURIANOS, fue puesta en resguardo en el lago del cisne.

Para corregir el error, el Cosmos fue iluminado con la estrella de LUZ SOPHÍA, estrella polar gemela de la matriz divina, pues mientras STELLA MARIS es la virgen madre, LUZ SOPHÍA es la conocedora de los códigos secretos de dicha matriz y la una sin la otra estarían incompletas.

LA ESTIRPE HA-BELL tiene su origen en ELEGÍAS, (que significa "el Elegido") hijo de ELLYÓN y esposo de BENEMÉRITA (que significa "la que merece por derecho propio"), estos fueron los padres tanto de HAGIA SOPHÍA (la Magia de la Sabiduría), como de PISTHIS SOPHÍA (la Suprema Sabiduría), en quien descansaba la progenitura de la casa de la Luz y quien también fuera la compañera por derecho propio de HELIÓN para fusionar así las dos estirpes.

Fue el ARCÁNGEL GABRIEL ELEGÍAS, (hermano del ARCÁNGEL MIGUEL MELQUISEDEC), quien heredó el Reino de su madre HAGIA SOPHÍA (el reino de la Luz, de la casa de Elegías); estos ostentan los títulos de los elegidos por derecho propio.

GABRIEL ELEGÍAS se desposó con LUZ SOPHÍA, y fueron los padres de los doce Tronos y las doce Vírgenes, el mayor de los cuales fue el ARCÁNGEL METATRÓN, Arcángel de la Luz, el Amor y la Sabiduría quien por ser el heredero de la estirpe lumínica ocupa un lugar muy especial cerca del trono de su padre el Altísimo, siendo este el regente de la casa de la sabiduría. Este tuvo un hermano gemelo, el ARCÁNGEL SANDALPHON, denominado la Gloria de Dios.

Por su parte el ARCÁNGEL GABRIEL ELEGÍAS también tuvo doce hijas conocidas como los espíritus de la Luz o templos del Espíritu Santo, dueñas del Santo Grial de la

Estirpe Lumínica, la mayor de las cuales fue la sagrada SHEKINA, cuyo doble etéreo es la Divina SOPHIEL, la más amorosa virgen de la luz dueña de los códigos del más puro amor.

EL ZOHAR, el libro sacro del judaísmo, describe a METATRÓN como el rey de los Ángeles y dice que él gobierna sobre el Árbol del Conocimiento del Bien y del Mal, también menciona que este encarnó como el profeta Enoc, se dice que él ocupa un lugar privilegiado en el trono cerca del Altísimo.

En el ***ZOHAR, BERESHIT*** *51:475* dice que todos los secretos sobrenaturales fueron puestos en las manos de METATRÓN y que él los ponía en las manos de quien los mereciera.

El *TALMUD* menciona en *HAGIA 15ª* que Dios le permitió a METATRÓN sentarse en su presencia por su trabajo como escribano de los méritos de Israel.

Se dice también que METATRÓN, es el guardián de los registros *AKÁSHI*COS y sus huestes celestiales en cabeza de su hijo GABRIEL ARCTUROS son los guardianes de las puertas interestelares de la Sabiduría.

La tradición afirma que el Arcángel SANDALPHON hermano gemelo de METATRÓN, vivió en la Tierra como el profeta Elías. Luego ascendió al Cielo y se convirtió en un Arcángel.

METATRÓN se desposó con la divina SHEKINA y fueron los padres de las doce Vírgenes de la Luz, la mayor de las cuales es la princesa con más alta jerarquía de la Estirpe de la Luz en las galaxias, su nombre es ÁNGELUS SOPHÍA, (el despertar de la sabiduría) y por derecho propio fue llamada Reina de la Luz, *porque en ella se completan todos los códigos de las cuatro estirpes lumínicas.* Siendo ella también la más alta escribana de la casa de la sabiduría.

El ARCÁNGEL SANDALPHON se desposó con la dulce SOPHIEL y fueron los padres de GABRIEL ARCTUROS, padre de la casa ARCTURIANA del Arcángel JOFIEL. Al ARCÁNGEL JOPHIEL también se le conoce como ZOPHIEL, las tradiciones populares judías lo reconocen como un Querubín o Trono que cuida de los siete cielos y los coros angélicos. Se dice que este ha ayudado a través de la historia al ARCÁNGEL MIGUEL en la batalla contra los ángeles caídos.

Los miembros de la legión de JOPHIEL son llamados los caballeros de Sion o guardianes del Santo Grial, quienes custodian el secreto del TABERNÁCULO DIVINO de la sagrada SHEKINA. En el ZOHAR también se le menciona como un gran jefe de cincuenta y tres legiones de ángeles.

La casa de METATRÓN, es la casa de la sabiduría, hogar de las vírgenes, las sacerdotisas y los profetas, es una estirpe de esencia femenina; aunque los seres masculinos se dividen en dos, los guardianes del honor de las sacerdotisas o caballeros ARCTURIANOS, que también fueron conocidos como los caballeros de Sion, o encargados de resguardar el arca de la sabiduría. Estos se prolongaron en este planeta dejando detrás de sí un halo de misterio que algún día analizaremos.

La segunda estirpe corresponde a la casa de los profetas, hombres piadosos elegidos para ser los anunciadores de los mensajes celestiales, a estos se les reconoce por la pureza de su alma y la rectitud en su actuar.

Con el nacimiento de ÁNGELUS SOPHÍA se completa la profecía. Cuando esta se desposa con MIKAEL MELQUISEDEC DE ALDEBARÁN nace la estirpe ELOHIM, dice la biblia que estos poblaron la Tierra, y en la Tierra como en el Cielo se cumplió la profecía y aquel que tenga entendimiento que entienda, porque fueron estos los creadores de la Hermandad de la Luz en el planeta.

Al haber perdido la Casa de la Sabiduría la progenitura, no se le concedió ningún Principado, a cambio se le entregó la Noósfera desde donde debían enviar los enlaces lumínicos con los que ellos deberían construir los puentes del arco iris, es con esos puentes que se envía la reconexión lumínica a la galaxia de Satania.

EXISTEN TRES JERARQUÍAS DE LA LUZ, estas se subdividen en tres órdenes cada una de tres, para un total de nueve jerarquías.

1. ***Órdenes o Jerarquías Supremas*** (Participan de la trascendencia divina). Compuestas por: Serafines, Querubines y Tronos.

2. ***Órdenes o jerarquías medias*** (Reciben la Luz divina, animan y ordenan el mundo, lo revisten de belleza). Compuestas por: Dominaciones, Virtudes y Potestades.

3. ***Órdenes o jerarquías inferiores*** (Agentes de la economía divina a través de la humanidad). Compuestas por: Principados, Arcángeles, Ángeles.

La primera Orden u Orden Suprema, compuesta por Serafines y Querubines, permanecen en el Reino del Altísimo, mientras que la de los Tronos, en cabeza de METATRÓN, fue la más alta Estirpe en habitar este planeta.

METATRÓN es el Arcángel que se sienta a la derecha del trono del Altísimo, este descendió al planeta en cabeza de Enoc, vino a traernos el Conocimiento Sagrado y lo hizo a través del CUBO METATRÓNICO que está sustentado en la Flor de la Vida, con esto nos quiso enseñar los secretos de nuestra herencia lumínica.

EL CUBO METATRÓNICO

EL **CUBO DE METATRÓN**, *contiene los Códigos de la Luz, restablece el equilibrio en las cosas, y nos enseña cómo crear energía eterna en las formas finitas y disolver formas finitas en energía eterna. Nos recuerda nuestra fuerza co-creadora, nos descifra la vía de iniciación en la Tierra y nos une a nuestras raíces divinas. Él nos dice que todo está escrito en Luz, y cuando despierte en ti la Luz eterna, la Luz de la creación te responderá.*

La segunda orden de la jerarquía de la Luz corresponde a la casa de la DIVINA SHEKINA (casa del amor) conformada por Dominaciones, Virtudes y Potestades. Vinieron a este planeta a enseñar a construir los siete templos del Espíritu, para poder evolucionar al mundo de la Luz.

La tercera jerarquía o jerarquía inferior compuesta por Principados, Arcángeles y Ángeles, es la encargada de ayudar directamente en el proceso de evolución de las diferentes galaxias.

Los Príncipes rigen las galaxias, mientras los Arcángeles gobiernan sobre los sistemas y están a cargo de los ángeles custodios de cada sistema, así pues, cada arcángel cumple una misión y es MIGUEL, PRÍNCIPE ARCÁNGEL el regente de todos los principados, quien libra cruentas batallas contra los ejércitos del mal. RAFAEL es el Arcángel sanador, GABRIEL es el padre de la profecía, el que anuncia los que han de llegar.

Vale aclarar que aquí solo hemos hecho referencia a dos de las doce Estirpe de la Luz, representadas en las casas de GABRIEL y MIGUEL, sin embargo, la Estirpe de la Luz es muy basta y está conformada por 144.000 Logos Lumínicos.

Presta atención porque esto es un poco complicado, la combinación genética del ADN LUMÍNICO está compuesta por 24 pares de cromosomas cada uno compuesto de seis hebras o tres pares de enlaces cromáticos, si multiplicas 24x6=144, estos 144 también lo podríamos expresar en 12x 12 que son los mismos 144, esto corresponde a las 12 mutaciones del Padre, por las 12 mutaciones del hijo para dar origen al HOMBRE METRATRÓNICO o Hijo Divino.

Esta es una revelación mágica, si te fijas la palabra cromosoma quiere decir Cuerpo de Luz, es decir, fueron doce las mutaciones del Padre que corresponden a los 12 Rayos Cósmicos, pero cada Rayo a su vez está dividido en dos y unificado en uno para formar doce pares andróginos y 24 individuales.

CAPÍTULO II

LA HISTORIA DE LOS HIJOS DE LA LUZ

DIOS PADRE, EL INEFABLE, *dividió su reino en cuatro cuadrantes, los dos cuadrantes superiores los entregó a la casa de Luz, en cabeza de su hijo ELLYON, el Altísimo, quien a su vez los dividió en los reinos del Sol y de la Luz.*

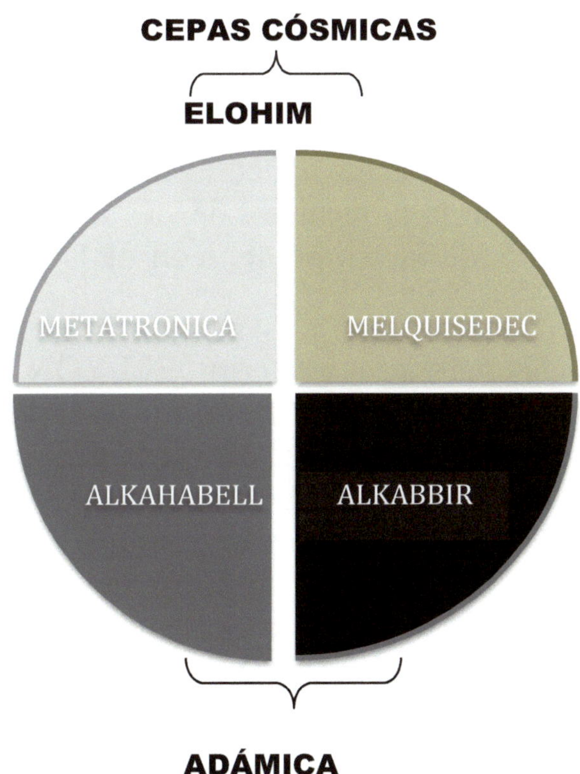

DIOS PADRE EL SUPREMO, entregó los dos cuadrantes inferiores a DRACO, no sin antes castigar a las casas en disputa que habían ocasionado la primera batalla cósmica. DRACO a su vez repartió dichos cuadrantes inferiores entre sus hijos.

Es importante anotar que, en un principio, por derecho de progenitura el Reino de los Cielos, es decir los dos cuadrantes superiores, le habían sido dados a DRACO pero este los perdió al raptar y violar a PITHIS SOPHÍA (la Suprema Sabiduría) y fue relegado al Sur, mientras DIOS PADRE EL SUPREMO castigó la curiosidad de su hija entregando la progenitura de su casa a su hijo HELIÓN de la estirpe del león de la casa del Sol.

Para resarcir este error, ELLYON, padre de la Estirpe de la Luz, cruzó ambas casas de la Luz; desde el cruce de la estirpe SÓPHICA con la casa leonina o MELQUISEDEC en cabeza de HAGIA SOPHIA, todas las SÓPHICAS son MELQUISEDEC por herencia de su abuelo HELIOS, la sangre guerrera también corre por su estirpe y pueden empuñar una espada como cualquier miembro de las huestes celestiales.

De este cruce nació la estirpe ELOHIM cuyo padre es ELÍ-HA que significa el hijo elegido. Los ELÍ-HA a su vez se dividen en: los

MELQUISEDEC, Hijos del Sol, y los HABELL, Hijos de la Luz, a estos también se les llama los METATRÓNICOS y se dividen en ARCTURIANOS y SÓPHICOS.

Siguiendo la sentencia proferida a la estirpe de ELEGÍAS, la progenitura también le fue dada a los hijos de HELIOS o MELQUISEDECS dándole también el cuadrante Nororiental en el Universo, desde ese entonces el Sol sale por el Oriente, pero no siempre fue así, hubo un tiempo en que salía por el Occidente.

Esa era la época en que el tiempo que corría en las galaxias inferiores estaba sincronizado con el tiempo en el Universo Superior, pero los grandes cataclismos invirtieron los polos de los sistemas retrasando la velocidad de la Luz en las densas esferas.

En la distribución de los Reinos, a ELEGÍAS le fue entregado el cuadrante Noroccidental, que corresponde al mundo de la Mente, las Ciencias y el Conocimiento. En ese cuadrante se instalaron los Rayos Violeta y Plata de los hijos de la Sabiduría que su vez son los dueños de los poderes de la mente y del Rayo Azul, de las Bellas Artes, las Ciencias Divinas y la Profecía, y a esta estirpe se le llamó METATRÓNICA.

Los límites de este cuadrante son el Rayo Rosa de la energía del amor, al Oriente y el Rayo Plata de la Consciencia Cósmica, al Sur, estos dos rayos los comparten diferentes casas así: El Rayo Rosa con la casa de MELQUISEDEC y el Rayo Plata con la casa de SATANAEL, el Rosa representa la Virgen Madre que se proyecta al Norte como STELLA MARIS, y el Plata los Códigos de la Sabiduría de la hijas SÓPHICAS, que también fueron heredados de alguna forma como ciencia mas no como consciencia por los hijos de SAHAMAEL, hijo este de SOPHÍA y DRACO, padre de la estirpe ALKABELL. A la estirpe cruzada de SAHAMAEL se les llamó la estirpe ALKA-HABELL o hijos de la sombra. Entonces es en el Rayo Plata donde se unifican la estirpe YAVHEISTA de la casa ALKA-HABELL, con la METATRÓNICA, de la casa de los HABELL.

De la casa *HABELL-METATRÓNICA* de ELI-HA, podríamos decir que estos son seres de una sensibilidad extrema capaces de desarrollar los poderes mentales más extraordinarios, dueños *de las Artes, las Ciencias, el Conocimiento y la Consciencia*; son comunicadores por excelencia, filósofos, escritores, poetas, están dotados de una gran espiritualidad, lo que los hace en extremo virtuosos y dignos de ser sacerdotes y sacerdotisas, tienen el don de la premonición, la profecía, la canalización, facultades que han desarrollado más que ninguna otra raza crística aunque también manejan otros dones propios de su estirpe.

Los herederos de la ESTIRPE MELQUISEDEC son llamados guerreros de la Luz y sacerdotes de la Luz, manejan los dones de la Fuerza, el Poder y la Energía, son los dueños de la Magia Cósmica, mientras los HABELL realizan la Magia Lumínica.

Cuando la UNIFICACIÓN de estas dos estirpes se realice en la galaxia, y más tarde en los planetas, entonces la comunión de las dos Estirpes Divinas se habrá dado de manera definitiva; lo que significará la duplicación de los poderes crísticos elevando la rata vibratoria del Universo.

¿Sabes que sucedió cuando HELIOS Y HAGIA SOPHÍA se unieron en matrimonio en el Cosmos?

La unificación de los Hijos de la Luz se multiplicó en una fuerza lumínica, energética y mental solo equiparable con la del PADRE INFINITO ABSOLUTO ELLYON, es decir, que los hijos de esta pareja nacieron con una luminosidad propia y fue de esa forma como se duplicó su energía en el Cosmos para unificarse en sí mismos y de esa manera resolver en el Cosmos el vacío de oscuridad en la que los había sumido la primera batalla universal.

Mientras se gestaba una segunda batalla en el Cosmos que dejaría consecuencias galácticas muy graves, dejando las galaxias inferiores sumidas en la oscuridad, fue necesario enviar una sonda de luz entre la noósfera y el sistema de *SATANIA*, sonda que fue lanzada través del Rayo Plata Cristal de la ***ESTIRPE METATRÓNICA*** la cual enviaba el brillo lumínico a la Noósfera y desde allí la ***ESTIRPE ARCTURIANA*** la usa para construir ***los puentes del Arco Iris.***

Esta sonda, que va desde *ARCTURUS* hasta la Noósfera, es recibida por *STELLA MATUTINA* doble etéreo de ÁNGELUS SOPHÍA destinada a ser la estrella guía de la galaxia de SATANIA, mientras su doble lumínico ÁNGELUS SOPHÍA fue puesta en custodia en Aldebarán y destinada a ser la madre de las estirpes MELQUISEDEC y ELOHIM en las esferas de las galaxias superiores, esto es parte de la profecía.

Es por esta misma razón que desde ARCTURUS, y después de la segunda batalla cósmica, fue enviada una comisión con base en Gea para velar que el foco infeccioso de la estirpe luciferina, que entorpecía el proceso evolutivo de los planetas que ya de por sí se veían afectados por el retraso de la sonda lumínica desde el Cosmos cesara, y la galaxia de SATANIA pudiera evolucionar hacia la Luz

Los HABELL son ELOHIM de la casa SÓPHICA ARCTURIANA, estos son los hijos de ELI-HA de raza HABELL o Hijos de la Luz, y su reino está dividido en dos:

1. *LA ESTIRPE FEMENINA* heredera de la progenitura y dueñas de los Códigos de la Sabiduría de su madre PISTHIS SOPHÍA. A ellas se les otorgó el Reino del éter lumínico o AKASHA, Reino de la Sabiduría y la Luz, y a su pueblo se le llamó los *SOPHIS* o hijos de SOPHÍA, la Suprema Sabiduría.

2. A su vez a *LA ESTIRPE MASCULINA* se les concedió el *Reino del Ánfora del Agua,* así como el título de Hijos de la Luz y el Amor. Ellos son descendientes del *ELOHIM SHAMUEL ARCTURUS* y por eso se les llamó los *ARCTURIANOS*, a quienes se le entregó el Reino de la Noósfera.

EL ORIGEN DE LA HISTORIA

DIOS, NUESTRO PADRE, EL SUPREMO, había entregado la regencia de la galaxia de SATANIA y del planeta de Gea al hijo de DRACO, ZEUS SATANEL de estirpe ALKABBIR, (la realeza más alta de la casa de la oscuridad), pero esta estirpe volvió a caer en la soberbia creando guerras y discordias entre las diferentes galaxias y volviendo a raptar esta vez a STELLA MARIS, compañera de HELIOS, por lo que nuestro PADRE, EL SUPREMO, le retiró la regencia de este Reino y se la otorgó a ATLAS de estirpe ALKA-HABELL, nieto de DRACO e hijo de SAHAMAEL, (Este fue producto de la violación que DRACO le hizo a PISTHIS SOPHÍA y por ende lleva sangre SÓPHICA de la Casa de la Sabiduría), raza que también recibió el título de LOS TITANES.

SAHAMAEL era hijo de PISTHIS SOPHÍA al igual que HELIOS, y por ser una mezcla entre la Estirpe de la Luz y de la Oscuridad, este fue el tronco de la estirpe de la sombra, raza ALKA-HABELL, a la que le fue asignada la tierra prometida, y este es el mismo YAHVÉ DIOS (SAHAMAEL) del pueblo de Hebrón.

SAHAMAEL es el tronco de la raza de los Titanes (dioses del agua que poblaron el planeta), pues su hijo Poseidón se desposó con una hija de la estirpe del ánfora del agua, de estirpe ARCTURIANA. SAHAMAEL es padre de ATLAS y PROMETEO, padres a su vez de las estirpes ATLANTE y LÉMUR, razas que se enfrentaron creando un maremoto de gran dimensión que provocó que los ejes de la Tierra se invirtieran y el planeta involucionara a una tercera dimensión.

ATLAS, conocido en la mitología griega como aquel al que ZEUS había puesto a cargar el orbe, estaba desposado con una hija oceánica de la casa ARCTURIANA y por ende estaba emparentado con la estirpe SÓPHICA-ARCTURIANA de la casa *HABELL* o casa de la Luz, y fue este el tronco de la raza Atlante.

PROMETEO es también un TITÁN, hijo de Poseidón y hermano de Atlas y fue quien robó a los dioses el fuego de la sabiduría para dárselo a los hombres.

De Prometeo descienden las estirpes perdidas del ánfora del agua. Estas son dos:

1.- *LA RAZA SEMITA*, de origen adámico, que lleva en sus venas sangre KABBIR y humanoide, son hijos de SEM, hijo de NOÉ quien fuera un híbrido de los dioses ANUNNAKI (de origen KABBIR) con un aborigen del planeta Tierra, lo que dio como resultado la RAZA ADÁMICA de la cual desciende SEM, padre de la estirpe de Abraham, padre este del pueblo hebreo.

Al pueblo hebreo le fue dada la Tierra prometida en este planeta. Esto en cabeza de Isaac hijo de

SARAI (esta de origen KA-HABELL ya que SARAI era hija de Prometeo, un titán enrazado con la Estirpe de la Luz), es decir, a la raza semita le fue dada la Tierra prometida en este planeta.

Es por esto que los descendientes de Isaac fueron llamados por su Dios YAHVÉ, Israel o pueblo elegido, mas no fue así con el pueblo ismaelita, también de origen hebreo, hijos de Ismael, hijo primogénito de Abraham con Agar, una esclava egipcia de raza *KABBIR*. Ismael fue el padre del pueblo árabe a quien Dios El Supremo protegió a través del doble etéreo de YAHVÉ llamado JEHOVÁ.

Israel o pueblo elegido fue el heredero de la Tierra prometida en el planeta, mientras a los Ismaelitas se les negó su progenitura y se les desterró de ese lugar.

Los hijos de SAHAMAEL estaban emparentados con la Casa ALKABBIR por la parte paterna, y con la Casa SÓPHICA, o del Ánfora del agua, por la parte materna, es decir que eran de origen ALKABBIR por parte de padre, y por parte de su madre pertenecían a la estirpe de HABELL a la que más tarde se le conoció como METATRÓNICA, por ende, estos también son herederos de la casa del ánfora del agua.

SAHAMAEL era el tronco de la raza ALKA-HABELL, o estirpe de la Sombra, a quienes se les dio el cuadrante Suroccidental de la galaxia de SATANIA, que limita con la raza HABELL al Norte y con el de los ALKABBIR al Oriente.

2.- *LA RAZA LEMURIANA* es la segunda raza descendiente de PROMETEO. Los LEMURIANOS fueron traídos al planeta por sus hermanos mayores los ARCTURIANOS, para que repoblaran el planeta con la estirpe elegida, a quienes se les había prometido el Reino de los Cielos.

Al producirse la unión entre PROMETEO e ISHA-BELL, hija de GABRIEL ARCTURUS y al ser esta de estirpe HABELL de la más alta pureza dueña del zafiro de la magia lumínica, las tres casas crísticas se unían en la Tierra en cabeza de una niña llamada MUHANA LUCIA, quien más tarde se uniría con MELQUIADES, hijo primogénito de la casa de Orión de la estirpe del Sol o MELQUISEDEC de la casa de Altaír, de la Alta Magia.

De la unión de MUHANA LUCIA Y MELQUIADES, nacieron cuatro hijos cada uno heredero de una raza crística, fueron ellos la estirpe perdida a la que se le prometió el reino de la Luz, aquella que se resguardó en las montañas de Antioquia. Esta raza es una mezcla de las razas

MELQUISEDEC, SÓPHICA, ARCTURIANA, ALKA-HABELL Y HABELL y por esta razón en esta estirpe descansan todos los códigos genéticos de las diferentes estirpes de la Luz que poblaron el planeta.

En el momento de la segunda caída de los dioses a nivel planetario esta estirpe se separó del resto por mandato divino, sellando un pacto de volver a encontrarse al final de los tiempos con el despertar de un nuevo día.

Los LEMURIANOS, en cabeza de los descendientes de la ESTIRPE SÓPHICA permanecieron en las montañas antioqueñas y se les dio en custodia la ciencia ELOHIM, en cabeza de MUHANA LUCIA quien a su vez se la entregó a su primogénita STELLARIUM llamada así en honor a su madre cósmica STELLA MARIS o estrella del mar de la sabiduría.

Ahora que hemos viajado lo suficiente en la historia como para comprender de dónde venían las diferentes estirpes que poblaron la Tierra, analizaremos cómo y por qué llegó la Hermandad de la Luz al planeta, pero primero estudiaremos qué es la Hermandad de la Luz, y cuál fue el pacto que ellos sellaron.

CAPÍTULO III

PRIMER PACTO DE LA HERMANDAD DE LA LUZ

*HACE 28.800 AÑOS NUESTRO PADRE, **EL ALTÍSIMO ELLYON**, hizo un pacto con los Hijos de la Luz al cual llamó, el pacto de la Santa Hermandad de la cual Él es el regente.*

Después de haber sido levantado el castigo o cuarentena impuesta debido a la catástrofe por la guerra entre las diferentes estirpes en el Universo Superior y en la que fueron separados muchos de los códigos de la Luz se nos dio una misión para recuperar nuestra divinidad, pues debido a las batallas intergalácticas los Códigos Lumínicos se habían des consolidado y los Hijos de la Sombra habían perdido la consciencia de su unidad andrógina sin cuya fusión el cuerpo ELOHIM estaría incompleto.

Entonces, una vez levantado el castigo y cumplida la promesa en el Universo Superior, la prueba final para los Hijos de la Luz era recuperar el suministro lumínico para la Galaxia de SATANIA sumida en la oscuridad por los ejércitos luciferinos después de que la Raza Adámica perdió su consciencia lumínica.

El pacto se selló en la esfera dorada, hogar de la Estirpe de la Luz, y a cada Casa Crística se le asignó una misión y se le dio un lapso de un ciclo evolutivo, tiempo en el cual se deberían reunificar los 144.000 Códigos Lumínicos en un solo Cuerpo-Luz.

Desde ARCTURUS, en la galaxia de Andrómeda, partieron los ejércitos METATRÓNICOS para repoblar el planeta con una nueva estirpe, la estirpe de *SAHAMAEL* hijo *SÓPHICO-ALKABBIR,* cuya unión fue conocida más tarde como la estirpe ALKA-HABELL.

La misión era implantar los Códigos Lumínicos en la galaxia de SATANIA, pues el suministro de luz había sido interrumpido después de la catástrofe de MARDUK, (explosión del quinto planeta de SATANIA, donde hoy se encuentra un cinturón de asteroides, ocurrida debido a la guerra entre las estirpes *KABIR y ALKABBIR).* Esa fue la misión de la estirpe METATRÓNICA O HABELL.

La misión de los MELQUISEDEC era librar una batalla contra la estirpe DRACONIANA que había sumido el sistema de SATANIA en la oscuridad.

Ellos, al mando del Arcángel Miguel, cerca de Aldebarán, se enfrentaban a los ejércitos de ZEUS SATANAEL para impedir que estos repoblaran el planeta Tierra. Las batallas eran feroces en todo el sistema galáctico, mientras que en la Tierra otras estirpes se mezclaban con la raza humana debido a experimentos genéticos realizados por la estirpe KABIR (LOS ANUNNAKI).

Todos los miembros de la estirpe superior de la Hermandad de Luz fueron enviados como dioses en total consciencia de su divinidad, pero separados de su par dual, lo que les dividía los poderes a la mitad, esto se hizo para que no se repitiera jamás una rebelión como la que ocasionó la raza draconiana que quisieron ser como Dios Padre, porque utilizando sus poderes fueron creadores de la raza humana.

Fue a partir de ese momento que los hijos de la divinidad fueron castigados fuertemente por el Padre Supremo quien como reprimenda envió a sus hijos en un proceso de aprendizaje donde ellos, por méritos propios, debían reintegrar la divinidad a su Ser.

Fue así como comenzó esta historia del pacto sagrado hace 28.000 *AÑOS GALÁCTICOS* atrás, cuando la primavera cósmica marcaba un nuevo renacer después de 14.400 años de cuarentena o medio ciclo cósmico donde la galaxia de *SATANIA* fue sumida en la oscuridad después de la explosión de MARDUK.

Levantada la cuarentena, nuestro Padre reunió a todos sus hijos y les ordenó ir a reconstruir los códigos genéticos de esta galaxia, esta era la misión que ellos debían cumplir para poder lograr reintegrar su identidad Crística.

Desde ANDRÓMEDA partieron las naves ARCTURIANAS con los hijos de la estirpe METATRÓNICA, es decir, que traían consigo a sus hermanas las hijas de Sirius o SÓPHICAS y a los ALKA-HABELL también conocidos como los hijos de YAHVÉ o estirpe de la Sombra. Ellos habitaban en la constelación del Can, en Sirius, cerca de sus hermanas SÓPHICAS y allí fueron enviados al ser rescatados por los ejércitos ARCTURIANOS del abismo a donde los había enviado ALKABA LUCIFER padre de la estirpe ALKA-HABELL junto a su madre PISTHIS SOPHÍA.

Así fue, que tanto la raza SÓPHICA pura como la ALKA-HABELL se establecieron en Sirius y por ser Sirius perteneciente a la constelación del Can, a los ALKA-HABELL se les concedió la tierra de Canaán (reino de la Tierra), mientras a la estirpe SÓPHICA se les llamo las hijas de Sirius y se les concedió el Reino de los Cielos.

La tercera raza METATRÓNICA, llamada la HABELL o hijos de la Luz de la Casa de la Profecía y las Artes, es una mezcla de la raza ARCTURIANA y SÓPHICA que habita en la constelación del Cisne, es allí donde queda el Lago de la Sabiduría, en el que según la mitología fue guardada la espada escarlata, o espada de la Justicia Divina.

El ejército ARCTURIANO traía como misión el alinear los polos magnéticos del planeta, que habían sido invertidos después de la catástrofe que destruyó el quinto planeta llamado MARDUK; para eso transportaban en sus naves a las hijas SÓPHICAS que habían sido traídas al planeta a reemplazar la función que tenían sus hermanas las STELLAS, (encargadas de alinear los polos magnéticos lumínicos de las galaxias). Estas habían sido raptadas por **HADES**, hermano de **ZEUS** y llevadas al Averno.

Pero la estirpe Melquisedec tardaría un poco más en llegar al planeta de Galia, pues sus ejércitos al mando del Arcángel MIKAEL MELQUISEDEC libraban las más feroces batallas cerca de Aldebarán para impedir que los ejércitos de *ZEUS SATANAEL* repoblaran nuevamente la Tierra, mientras tanto parte de los ejércitos ARCTURIANOS se enfrentaban a los ejércitos de los ALKABBIR de HADES, hermano de *ZEUS,* quien había raptado a las STELLAS.

Marcaba el reloj cósmico las doce del mediodía y la cruz cósmica aparecía en el cielo mientras un bello arco iris enmarcaba el planeta Tierra o Gea cuando las naves ARCTURIANAS desembarcaron en el planeta. Ellos traían en sus naves los códigos genéticos de la Luz y se daba comienzo a una nueva era.

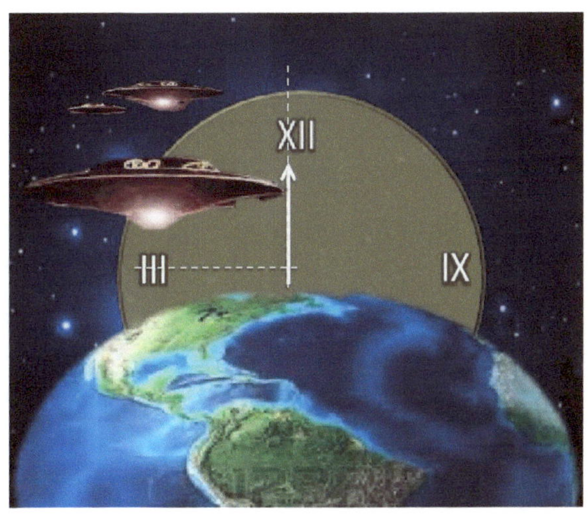

Al llegar a Gea, los HABELL fundaban la primera Escuela de la Luz en el planeta Tierra y los ARCTURIANOS formaron La Unión Intergaláctica de la Hermandad Blanca, esta hermandad solo contaba con la mitad de sus miembros pues para estar completa esperaban el regreso de la estirpe MELQUISEDEC que poseía la otra mitad de los códigos genéticos.

Las SÓPHICAS, como académicas que eran, no solo cumplieron con la misión de alinear los ejes magnéticos lumínicos, sino que formaron la Academia de la Luz, en donde además de dictar la Ciencia de la Luz también impartían el código ético de la HERMANDAD BLANCA.

Por esa misma época, LA HERMADAD DE LA LUZ fue fundada en el planeta. Esta hermandad fue creada por la estirpe SÓPHICA o estirpe femenina del Ánfora de Agua con la ayuda de sus hermanos ARCTURIANOS, al mando del Arcángel SHAMUEL ARCTURUS, príncipe regente de la séptima esfera, llamada también la esfera plateada o esfera de la evolución Crística (Noósfera).

Los ARCTURIANOS son la estirpe que custodia las sagradas reliquias y son los protectores universales de sus hermanas las hijas SÓPHICAS. Ellas comenzaron a enseñar la ciencia ELOHIM al pueblo Lémur, descendientes de la estirpe de SAHAMAEL, quienes a su vez llevaban sangre SÓPHICA-ARCTURIANA en su estirpe por su lado materno, ellos fueron los padres de cuatro de las cinco estirpes XENECAS.

La quinta estirpe fue la estirpe SÓPHICA-ARCTURIANA o HABELL, conformada por las doce descendientes de las hijas de SHEKINA, las cuales se mezclaron con los doce príncipes ARCTURIANOS para reunificar los códigos HABELL en la faz de la Tierra, ellas gestaban los hijos de sus compañeros para dar origen a la estirpe elegida que llevaría impresos dentro de sí, los Códigos de la Luz en este planeta.

Este es solo el comienzo de una historia que hoy casi termina, y si estamos aquí reunidos escuchándola, es porque como descendientes de la estirpe elegida o Logos Lumínicos sellamos un pacto que hoy vinimos a cumplir para que, en cabeza de la estirpe encarnada que lleva impresos los códigos genéticos de la Luz, se cumpla una profecía o más bien una promesa que nuestro Padre Ellyon, hizo a sus hijos y espera con ansiedad verla cumplida a través de ellos.

CAPÍTULO IV

LA HISTORIA DE LA HERMANDAD DE LA LUZ EN EL PLANETA TIERRA

Hace miles de años vino a este planeta una estirpe divina de la Casa de la Luz, ellos venían a recuperar los Códigos Lumínicos para el sistema de Satania.

Cuando los ELOHIM llegaron al planeta Tierra, la raza humana aun no terminaba de desarrollarse y los dioses del fuego poblaban la Tierra.

Desde Andrómeda partieron las naves ARCTURIANAS y desde Sirius las SÓPHICAS escoltadas por sus hermanos

ARCTURIANOS, en un viaje que duro 7.200 años cósmicos o un cuarto de giro galáctico.

Los ARCTURIANOS aterrizaron sus naves en nuestro mundo trayendo en ellas la simiente del pueblo Lémur (estirpe ALKA-HABELL) y a sus hermanas SÓPHICAS.

La ESTIRPE LUMÍNICA de quienes desciende el pueblo Lémur, ocupó lo que hoy es el sur del Océano Pacífico. Ellos venían a traer la Luz al sistema de SATANIA, pero los acontecimientos que ocurrieron marcaron el atraso evolutivo del planeta Tierra.

Al igual que en los Universos Superiores este planeta entró en cuarentena y el PADRE UNIVERSAL dictó sentencia, debido a ello grandes catástrofes se manifestaron en la Tierra.

Durante otros 7.200 años la Estirpe de la Luz rigió el planeta en tensa calma porque la raza de los Atlantes había creado una civilización muy avanzada que estaba empezando a violar los códigos éticos de la Hermandad Galáctica.

SAHAMAEL, padre de la estirpe de las Sombras, tuvo un hijo llamado POSEIDÓN, padre de LOS TITANES que poblaron la Tierra, y este a su vez tuvo dos hijos: ATLAS y PROMETEO, padres de los Atlantes y los Lémures respectivamente. Por ello ambos pueblos eran de estirpe ALKA-HABELL, primos hermanos entre sí, y al ser esta la raza elegida para reinar sobre la Tierra, ambas casas se disputaban la progenitura.

Pero era en realidad ZEUS SATANAEL quien tenía el dominio sobre SATANIA y había tomado a ATLAS como su prisionero y lo había condenado a cargar con el orbe.

Al marcharse ZEUS SATANAEL, padre de LOS OLIMPOS, a librar más batallas intergalácticas contra los MELQUISEDEC, dejó la regencia de SATANIA a su hermano HADES y este cometió el error de raptar a LAS STELLAS, luminarias de la casa

MELQUISEDEC, que trabajan alineando los polos magnéticos de las galaxias.

HADES condujo a estas diosas al Averno y allí las retuvo como prisioneras, pero tuvo que enfrentarse con el ejército ARCTURIANO y al ser derrotado, fue condenado al inframundo donde reina por siempre.

Los ARCTURIANOS rescataron a sus hermanas y las condujeron al lago del Cisne, desde donde ellas emiten bellas melodías para armonizar la música de las esferas.

Al quedar el camino libre de LOS OLIMPOS, ATLAS le pidió a Heracles que le sostuviera el orbe mientras arreglaba su capa y nunca se lo volvió a recibir, en cambio se marchó al monte Atlas, donde fundó su reino al que llamo ATLÁNTIDA.

Los dioses Atlantes residieron en el monte Atlas, pero sus descendientes habitaron unas islas en el Océano Atlántico más allá de las columnas de Hércules, entre Europa y Norteamérica.

MITOLOGÍA DE ATLAS

Cuenta el diálogo platónico Critias o de la Atlántida que POSEIDÓN era el amo y señor de las tierras atlantes, puesto que cuando los dioses se habían repartido el mundo la suerte había querido que a él le correspondiera, entre otros lugares, LA ATLÁNTIDA.

Este dios se enamoró de CLITO, una hija oceánica, y para protegerla, o mantenerla cautiva, creó tres anillos de agua en torno de la montaña que habitaba su amada. La pareja tuvo diez hijos, para los cuales el dios dividió la isla en los respectivos diez reinos. Al hijo mayor, Atlas o Atlante, le entregó el reino que comprendía la montaña rodeada de círculos de agua, dándole, además, autoridad sobre sus hermanos. En honor a Atlas la isla entera fue llamada Atlántida y el mar que la circundaba, Atlántico.

Favorecida por Poseidón, la isla de Atlántida era abundante en recursos. Tal prosperidad dio a los Atlantes el impulso para construir grandes obras. Edificaron sobre la montaña rodeada de círculos de agua una espléndida acrópolis plena de notables edificios, entre los que destacaban el Palacio Real y el templo de Poseidón.

Cuenta la leyenda que los dioses decidieron castigar a los ATLANTES por su soberbia, y se cree que el castigo fue un gran terremoto y una subsiguiente inundación que hizo desaparecer la isla en el mar, "en un día de una noche terrible".

MITOLOGÍA DE PROMETEO

PROMETEO era hijo de POSEIDÓN y de la OCEÁNIDE CLÍMENE, y hermano de ATLAS, EPIMETEO y MENECIO.

Cuenta el mito que él fue el creador del hombre, junto con su hermano EPIMETEO. Ellos produjeron criaturas para poblar la Tierra por orden de ZEUS, y mientras su hermano prefirió la cantidad y formó muchas criaturas, PROMETEO trabajaba cuidadosamente en una criatura a semejanza de los dioses. Él sintió pena por su creación y trepó el monte Olimpo para robar el fuego del carro de HELIOS, porque sin él su obra no servía de nada, así fue como PROMETEO ayudó al desarrollo de la humanidad.

LA HISTORIA

Durante un cuarto de ciclo galáctico la Estirpe de la Luz, bajo el mando de la Federación Galáctica, gobernó la **Galaxia de Satania** y particularmente el planeta de Gea en tensa calma, porque los ATLANTES habían creado una civilización muy avanzada que estaba empezando a violar los códigos éticos de la Hermandad de la Luz.

Al declinar los últimos años del verano galáctico, la raza **ATLANTE** había logrado alcanzar una tecnología asombrosa y los **LÉMURES** (sus primos e hijos de Prometeo) habían advertido a estos, sus enemigos, de la prohibición divina de crear armas nucleares y laboratorios genéticos.

La guerra entre las dos estirpes fue declarada y esta trajo como consecuencia una catástrofe nuclear que ocasionó un maremoto de grandes dimensiones invirtiendo totalmente los polos del planeta, dando origen a una zona hiperbórea sobre el casquete polar sur. Se cree que algunos de los dioses atlantes quedaron sepultados bajo una enorme masa de hielo.

La suerte de la estirpe Lémur fue diferente, muchos que no habían alcanzado la evolución, sucumbieron ante el inmenso maremoto, otros que habían desarrollado la capacidad de tele-trasportarse en ele, es decir, de elevarse por encima de la materia, lo hicieron; otros fueron instruidos para tomar sus naves, e introducir en ellas a unos cuantos miembros de cada una de las TRIBUS XENECAS, a los huevos cósmicos que contenían los Códigos Lumínicos del Universo, al arca con los secretos de la Hermandad de la Luz y a los miembros de dicha hermandad.

Durante otros 7.200 años, u otro cuarto de giro galáctico, estuvieron estas naves girando en órbita, hubo grandes deshielos debido a la radiación, y nuevamente especies completas de fauna y flora desaparecieron de la faz de la Tierra; comenzó un nuevo proceso evolutivo para el planeta.

Eran la tres del atardecer galáctico y el maremoto de ATLÁNTIDA y LEMURIA marcaba el fin del verano lumínico y el principio de la era de la oscuridad, el planeta descendió a una tercera dimensión de consciencia dentro de la materia.

CAPÍTULO V

TRAS LA HUELLAS DE LA ESTIRPE DE LA LUZ

¿Qué ocurrió realmente después del hundimiento de la Atlántida y Lemuria?

¿Qué sucedió con esas naves que partieron la noche del gran maremoto, cargando las razas autóctonas del planeta, a las cinco tribus del pueblo LÉMUR (LOS XENECAS), descendientes de la Estirpe de la Luz, a los huevos cósmicos de la creación, al arca con los Códigos Lumínicos y a los miembros de la Hermandad de la Luz?

LEMURIA sucumbió una noche cuando un gran maremoto la sepultó, pocos lograron sobrevivir y algunos de los que lo hicieron llegaron a una nueva tierra a la que llamaron **MUHANA**, que quiere decir **HIJA DE LEMURIA**.

Terminaba la ERA DE LEO y el planeta se adentraba aún más en el otoño galáctico, el maremoto ocurrido había causado una gran catástrofe, que había ocasionado una nueva época glaciar en el planeta. Durante otros 7.200 años galácticos, otro cuarto de giro cósmico, estuvieron estas naves girando en órbita, hasta finalizar el otoño galáctico.

Siguiendo las huellas de la estirpe de la Luz recordemos que después de la catástrofe que destruyó a la **ATLÁNTIDA y LEMURIA**, acontecida en la era de Leo, y trascurridas las eras de Cáncer y Géminis, LA HERMANDAD BLANCA aterrizó sus naves

ARCTURIANAS en una nueva Tierra, su misión era poner en buen resguardo los Huevos Cósmicos con los Códigos Lumínicos del planeta.

Y mientras el resto del planeta se adentraba en el invierno galáctico allí en esta nueva tierra, hoy conocida como Sur América todo parecía florecer.

Los ARCTURIANOS, encargados de la repoblación de la Tierra, distribuyeron las cinco razas autóctonas por diferentes lugares del planeta. Después del deshielo los continentes volvieron a organizarse y las razas autóctonas fueron distribuidas así:

- ✓ la raza roja en América
- ✓ la raza blanca en Europa
- ✓ la raza negra en África
- ✓ la raza amarilla en Asia

Hubo otra raza, la raza naranja, que se cree que desapareció de la faz de la Tierra, aunque los aborígenes australianos en realidad descienden de ella.

La Tierra floreció nuevamente formado fauna y flora, la vida renació, pero la nueva raza perdió la consciencia de su divinidad y comenzó un proceso evolutivo en el mundo de la carne, entonces una nueva era se iniciaba para el planeta, y los descendientes de la Estirpe de la Luz tomaron su propia ruta.

En esa nueva Tierra, ellos erigieron su Ciudad Santa, en el centro de un lago alrededor del cual empezó a emerger esta nueva Tierra, y mientras lo hacía, del fondo del océano formado por cadenas montañosas, este lago sagrado se elevaba hasta convertirse en el lago más alto del planeta, allí en el centro del lago se formó una isla y en el centro de ella construyeron su Ciudad Sagrada a la que llamaron Mu en recuerdo de LEMURIA. Hoy ese lago es el lago Titicaca.

En el centro de una isla en medio del lago construyeron un hermoso templo, el Templo de la Hermandad de los Siete Rayos, en la mitad del templo ardía el Fuego Santo. La Llama Trina de nuestra Madre la Virgen de la Luz, brillaba con toda su pureza dando a aquel templo un halo de blancura indescriptible.

En el templo habitaban los miembros de la Hermandad de la Luz. Hoy en día esta es una puerta tras-dimensional que se halla en la isla Tiahuanaco (Bolivia).

Todo esto fue resguardado detrás de un portal lumínico llamado la Puerta del Sol, tras ese portal fue guardado el cofre con los Códigos de la Hermandad de la Luz y los huevos cósmicos de la creación, que hoy se hallan en custodia de la Hermandad de los Siete Rayos.

Las cinco tribus *XENECAS*, (remanentes del pueblo Lémur) ocuparon diferentes territorios de ese continente y se mezclaron con la Estirpe Roja dando origen a los pueblos indígenas de América. Pero con el tiempo olvidaron su esencia lumínica y entraron en guerra entre ellos, desapareciendo como raza, quedando solo los descendientes de su cruce genético.

Después de cumplir con la misión de distribuir todas las diferentes razas alrededor del planeta y ayudar a formar la Hermandad de la Luz, los ARCTURIANOS retornaron a la isla etérea de LUSITANIA y desde allí fueron los padres de la raza celta, algunos creen que este es el pueblo Ario o raza Hiperbórea de la que tanto hablan muchas doctrinas esotéricas, pero en realidad esta no es la misma.

La estirpe ARCTURIANA se había unido a los ejércitos de Apolo, supuesto hijo de ZEUS, pero de estirpe MELQUISEDEC, y así, tal como el padre se lo había prometido a HELIOS, su verdadero padre, ese niño creció para ser aquél que derrotaría a los ejércitos de ZEUS, y fuera quien encadenara a su supuesto padre ZEUS SATANAEL en el abismo.

La verdad fue que Apolo se unió a la estirpe ARCTURIANA y desde allí creó su propia estirpe. De él desciende Rama, uno de los primeros MELQUISEDEC en encarnar en la Tierra en cuerpo físico quien vino a traer un mensaje de armonía y paz a un pueblo que, una vez encarnado, fue perdiendo su esencia.

RAMA se retiró a Asia y viajó por la meseta del Irán y allí conoció a SEM, padre de la estirpe semita; de Rama desciende Zoroastro, otro iniciado y difusor de una doctrina que guarda muchos de los secretos de la Magia Cósmica, de allí venían los tres reyes magos.

La doctrina de Zoroastro se difundió por **UR**, tierra de Abraham, padre de la estirpe Semita. Esta estirpe semita se mezcló con la estirpe SÓPHICA a través de SÉFORA, hija de MUHANA LUCÍA y MELQUÍADES quien se desposara con PROMETEO hijo de SAHAMAEL descendiente de la estirpe ALKA-HABELL.

A manera de información, diremos que por aquella época existió otra estirpe que pobló el planeta y que se mezcló con la raza negra: LOS ANUNNAKI. Estos poblaron Mesopotamia, ellos venían de NIBIRU y eran descendientes de DRACO, sin embargo, ENKI, dios creador de la raza humana, pertenecía también a la estirpe RAFAÉLICA, pues fue hijo de ANU, padre de los ANUNNAKI, y ANA TARA SOPHÍA, HIJA RAFAÉLICA de la casa de la música de las esferas (hijas de Orfeo).

ENKI fue el promotor de la integración genética de la raza autóctona del planeta, con la raza de los dioses creada en laboratorio genético, experimento que dio origen a la raza humana.

Como producto de la fusión de estas dos razas nació el hombre Adámico, del cual desciende

NOÉ padre de SEM, CAM, y JASEF, padres estos de diferentes estirpes humanas que poblaron el planeta. Y es precisamente de SEM de quien desciende el pueblo semita, pueblo al cual pertenece ABRAHAM, padre del pueblo hebreo, del cual desciende Israel a cuyo pueblo le fue asignada la Tierra prometida.

La unión entre ABRAHAM y SARAI dio como resultado la estirpe Israelita y este fue el origen del pueblo judío y de las doce tribus de Israel. De SARAI (hija de SÉPHORA) aprendieron ellos la ciencia divina de la sabiduría a la que nombraron Cábala y que guarda muchos secretos de la Magia Crística.

Este es a grosso modo, el recuento de lo que ocurrió después del hundimiento de la ATLÁNTIDA y LEMURIA. En nuestro próximo capítulo estudiaremos cuál fue el destino del pueblo Lémur, del cual descienden las cinco tribus XENECAS que poblaron el continente suramericano.

CAPÍTULO VI

LA LEYENDA LEMURIANA DEL PUEBLO XENECA

*Los **XENECAS** son el remanente del pueblo Lémur encarnados en la materia. Ellos fueron traídos en las naves **ARCTURIANAS** y distribuidos por toda Suramérica para que fueran la simiente de la Estirpe de la Luz encarnada (estirpe ALKA-HABELL).*

En SURAMÉRICA empezó la historia de la estirpe ALKA-HABELL con sus antepasados los Lémures. Ellos se prolongaron en el tiempo a través de los pueblos XENECA, pueblos que habitaron el nuevo territorio después del gran maremoto que destruyó LEMURIA. Ellos vivieron en la Tierra, aunque no existan registros de ellos.

LOS XENECAS estaban conformados por cinco tribus que fueron distribuidas por toda Suramérica, esta es su historia.

LA LEYENDA

XENECA era un lugar pacífico lleno de gozo y de gente trabajadora. A pesar de que cada uno era diferente, ellos trataban de alcanzar la utopía de mantener un mundo donde reinara el bien bajo el lema de unidad y diversidad. En realidad, no existían problemas entre ellos, pero un día un particular meteorito cayó del cielo, los meteoritos eran algo común en XENECA y el pueblo se protegía de ellos acudiendo a los lugares de protección, fabricados por ellos, en donde oraban a sus dioses del destino o BAKIS.

Le rezaban a KUONO pidiendo valentía, a CELESTINA pidiendo consejo, a AMEAN pidiendo esperanza, a MENAOS pidiendo poder y SOPHÍA pidiendo Sabiduría.

Este meteorito fue diferente de los otros: no hizo ruido, ni explosión, ni estremeció la tierra. Venía cargado de una energía tan negra que oscureció todo XENECA y para cuando volvió el Sol ya nada volvió a ser igual. Las personas estaban en caos unas con otras y se tornaron agresivas, lo que dividió la comunidad y cada uno se marchó a diferentes partes del continente.

Los BAKIS o dioses se dieron cuenta de que algo estaba sucediendo y llamaron a los MUNBAKIS o semidioses para que averiguaran qué estaba pasando, ellos enviaron a la MUN-BAKI Aurora a XENECA con cinco esferas, cada una para una tribu, estas eran las piedras del destino y estaban bendecidas cada una por un dios diferente.

- ✓ A los **KOUNANS** se les entregó la piedra del **Valor**
- ✓ a los **AMEANS** la de la **Esperanza**
- ✓ a los **XENONS** la del **Consejo**
- ✓ a los **MENOANS** la del **Poder**

✓ a los *SOPHIS* la de la *Sabiduría*

Luego de esto, Aurora ordenó a cada tribu orar a su esfera para terminar con el caos e invocó estas palabras para luchar contra él **"GONUM EMOS PETRON"**. La luz negra del caos apareció y Aurora invocó a los dioses pidiendo a la estrella del destino ayuda, una luz blanca y muy radiante apareció y envolvió la luz negra y la envió al vacío.

Cuando todo terminó Aurora expresó que pelear contra el caos la había dejado exhausta y que debía entrar en reposo profundo, sin embargo, ordenó a cada pueblo que practicara los dones de cada esfera porque se avecinaban tiempos muy difíciles, pero que si la necesitaban ella despertaría para ayudarles; una luz muy brillante envolvió a Aurora y desapareció.

Quinientos años después, las tribus se olvidaron del mensaje de Aurora, y esto condujo a que volvieran a batallar entre ellos, todos menos los SOPHIS que decidieron permanecer neutrales.

Los *XENECAS* con el tiempo se dividieron y cada pueblo creció y floreció según su cultura y ocupó su propio territorio.

Estas son las características de cada pueblo:

✓ *KUONAUSK*: guerreros del honor y del coraje
✓ *AMEANS*: defensores de la naturaleza y de los animales
✓ *XENONES*: desarrollaron la tecnología
✓ *MEOANS*: desarrollaron la magia negra
✓ *SOPHIES*: desarrollaron la magia blanca

Los diferentes intereses sesgaron las tribus y esto los llevó a sanguinarias guerras, los XENONES en su afán de expansión de la tecnología empezaron a talar árboles y esto les trajo conflictos con los AMEANS que como defensores de la naturaleza advirtieron a los XENONES del mal que estaban causando. Los XENONES hicieron caso omiso lo que desato la primera guerra que luego se extendió a los KOUNANS, pues los experimentos químicos de los XENONES acabaron con sus cultivos y esto los obligo a volverse cazadores, lo que les trajo conflictos con los AMEANS que eran defensores de los animales. Estos experimentos químicos también mataron muchos MENOANS y estos en revancha practicaron rituales contra los XENONES. Así fue como volvió el caos a XENECA.

Un día se produjo un corto circuito en XENECA, era la anciana Aurora que despertaba de su sueño y como lo había prometido al ver que el caos regresaba volvió para pedir cuentas y luchar contra el caos que se avecinaba.

"Soy la luz, la vida, el futuro, el presente y el pasado y estoy aquí para poner las cosas en orden," y dijo que por no haber conservado la virtud que les fue dada, entonces perderían sus dones y se mezclarían con la estirpe de los hombres, así los cuatro pueblos XÉNECAS se mezclaron con la raza indígena y perdieron su estado lumínico.

La quinta raza, los SOPHIS fueron los únicos que se concentraron en practicar las enseñanzas de Aurora y crearon una ciudad etérea donde permanecieron neutrales practicando su fe y aprendiendo de la Magia Blanca.

Estos en un principio fueron llevados a cohabitar con los miembros de la Hermandad de la Luz, y estos les enseñaron los secretos de la ciencia ELOHIM o Códigos de la Luz, más tarde cuando la Hermandad de la Luz partió por órdenes del concejo intergaláctico a sus respectivos reinos, la raza SOPHI se internó al norte de los Andes huyendo de la guerra entre los diferentes pueblos XENECAS, allí en el norte de Mu hoy llamado Sur América ellos crearon la primera ciudad etérea sobre este continente, la ciudad de Prístina, fabricando allí una de las redes lumínico-energética más poderosa del planeta, enclave al que ellos llamaron el portal lumínico de SANTA SOPHIA, o portal 9-9-9 que hoy se encuentra sobre las montañas Antioqueñas.

Es importante comprender que por aquellos tiempos el centro del sistema planetario como eje vernal era el centro del lago Titicaca, alrededor del lago se creó una civilización que parecía vivir en paz y armonía y que avanzaba en tecnología y evolución. Esto hasta que el exceso de desarrollo dividió las 5 tribus y cada una tomo una parte del territorio frenando su desarrollo espiritual y su evolución como raza, la información quedo fraccionada, la tecnología y el avance se ubicó en el centro del sistema donde floreció el imperio INCA, como testigo fiel de una civilización que fue aún más grande que esta.

Al sur se instalaron los poseedores de la magia negra creando ciudades intra terrenas como ERKS, para convertirse en los guardianes del inframundo, y para enterrar en las entrañas de la Tierra muchos secretos que abren las puertas a nuevas dimensiones, pero que deben de ser tratadas con mucha discreción pues podría ser un arma de doble filo para el planeta.

Los amantes de los animales se internaron en la selva y allí guardaron los secretos del chamanismo y la herbolaria y de todos esos recursos que se derivan de la Madre Tierra. Luego, al occidente, vivió la cultura más estable y menos esotérica, ellos cultivaron la tierra, establecieron ciudades y es de quienes quedan más vestigios como las culturas indígenas que hoy son la proyección de los pueblos indígenas de Sur América.

Por último, estaban los SOPHIS el pueblo más espiritual de los XÉNECAS, los guardianes de la sabiduría, los sacerdotes y magos blancos de la cultura Lémur, quienes eran guiados por una sacerdotisa muy joven, casi una niña, pero dueña de la Sabiduría, la espiritualidad y la pureza diamantina. MUHANA LUCIA (la hija de LEMURIA que es como la luz), ella guiaba a la tribu SOPHIS a la que pertenecían los magos y los sacerdotes de la Hermandad Blanca.

Los SOPHIS cuando vieron el caos que ocurría entre los pueblos hermanos, trasladaron su cuartel al norte de Sur América, en lo que hoy son las tierras Antioqueñas, con mucho esfuerzo el pueblo SOPHIS tejió una red METATRÓNICA, utilizando la energía solar y sus conocimientos alquímicos, al mismo tiempo que construían una ciudad etérea donde salvaguardaron los secretos del esoterismo blanco. Ellos elevaron la ciudad etérea y le pusieron como piso una red cósmica fabricada con la energía consciente de muchos hijos Sophis. A esta ciudad la llamaron Pristina.

Esta es la leyenda del pueblo SOPHI y de su sacerdotisa MUHANA LUCIA.

LA HISTORIA DE UNA PROFECÍA
"LA LEYENDA DEL AVE FÉNIX"

LA ESTIRPE SOPHI, fue la única descendiente del pueblo Lémur que conservó intactos sus Códigos Lumínicos guardando dentro de su memoria genética los códigos de la divina ciencia de la sabiduría, ciencia que se unificó a través de una niña a la que llamaron MU-HANA LUCIA o hija de LEMURIA, quien por decreto divino le había sido asignado el ZAFIRO SÓPHICO.

Esa ESTIRPE SOPHI huyendo de los conflictos entre las diferentes tribus subió por toda la cordillera andina y al llegar al lugar donde se trifurcan los Andes tomo la cordillera occidental hasta llegar al lugar donde casi se termina la columna occidental del territorio Andino. Hasta allí llegaron ellos portando el fuego de la Antorcha Divina de la Sabiduría, fuego que contenía los secretos de la llama prístina y con ella el secreto del MERCURIO SÓPHICO de la creación, aquel que se activa a través del fuego para nacer del fuego y que muere en el fuego para convertirse en Luz.

PRÍSTINA así se llamaba la ciudad que los SOPHÍS fabricaron en éter sobre los pilares de MALLA METATRÓNICA que los ARCTURIANOS habían fabricado sobre la Noósfera. En PRÍSTINA los SOPHIS construyeron su templo que es una copia idéntica del Templo del Espíritu de la Sabiduría, en el medio del templo pusieron el altar dedicado a la DIOSA SOPHÍA a la que ellos llamaban Madre de la Creación y de quien heredaron su gentilicio. En medio del altar de la Sabiduría pusieron la llama prístina, a la que ellos llamaron Fuego Sagrado.

Cuenta la leyenda que un día llego a esas tierras un extraño personaje llamado MELQUÍADES, también se dice que este era hijo primogénito de MENOSSIS el mago solar, otros dicen que él fue el primer MELQUISEDEC que habitó el planeta y que fue enviado como emisario y semilla de la estirpe del sol.

El pueblo SOPHI era el único sobreviviente de la estirpe Lémur sobre la faz del planeta, al menos como estirpe pura, y por eso era el único que conocía los secretos de la Estirpe ELOHIM, aquellos que algún día habían sido sus maestros.

Por aquellos días que MELQUÍADES llego a prístina una hermosa mujer llamada ISHABELL, la que es como la luz, gestaba un hijo que sería el primer HIJO SÓPHICO nacido en Prístina, también se dice que cuando MELQUÍADES vio a ISHABELL el niño que guardaba en su vientre salto de alegría y su ser se impregno de luz.

Cuenta también la leyenda, que el día que esa niña nació porque fue una niña a la que pusieron MUHANA LUCIA, que en idioma Lémur quiere decir hija de la luz de Lemurias, de la llama Prístina que se hallaba en el altar del Templo de la Sabiduría una bella ave voló como si ella hubiera nacido del fuego y efectuó el vuelo del ave fénix o vuelo mágico de la creación y el ave emprendió el vuelo y voló sobre los Andes así como lo hace el cóndor, como danzando a través de los acordes armónicos de la creación.

A los tres días regreso y en su pico traía un zafiro y lo posó sobre la frente de la pequeña MUHANA LUCIA, MELQUÍADES supo inmediatamente que ella era la elegida, que la magia del Padre había hecho efecto y que ella era la depositaria del ÉTER SÓPHICO que contenía los fluidos del Amor, la Luz y la Sabiduría, que era la manifestación trinitaria de la llama prístina. Además, él también supo que siendo esta niña de estirpe ALKA-HABELL, aquella a la que se le prometió el Reino de los Cielos, había nacido encarnada en la materia para ser la madre de los Hijos de la Luz en el planeta.

Entonces el tomo la niña entre sus brazos y frotó el zafiro en un acto de magia sin precedentes, hasta que el zafiro se incorporó a su frente. La pequeña niña empezó a emanar una especie de éter lumínico y una difusa esfera liliácea entre gaseosa y líquida se formó alrededor de la pequeña en forma de pleura o placenta; MELQUÍADES encendió el fuego santo alrededor de la pleura y danzó la danza del fuego sacro, hasta que todo su ser se tornó del color dorado del sol, y de él se desprendió una pequeña partícula del tamaño de la semilla de mostaza, llamada la semilla dorada de la creación.

Luego en un acto de magia de una enorme e indescriptible fuerza mental, MELQUÍADES introdujo su semilla en el centro de la pleura e inmediatamente los fluidos cósmicos del éter sagrado comenzaron su proceso de llenado y la niña fue parida nuevamente por esta nueva pleura, quien después de parirla, se llenó en ella misma con los fluidos y se elevó como flotando en medio de una danza armónica, mientras el ave fénix la tomó sobre sus garras y la transportó hasta la cima de una montaña cerca del cielo mas allá donde se pierden los picos de las montañas, allí nació MUHANA LUCIA como primer ser encarnado de la estirpe SOPHICA sobre el planeta Tierra. En la cima de la más alta montaña el ave depositó el huevo sagrado y este fue el inicio de una profecía que hoy comienza a ser develada.

MELQUIADES tomo la pequeña entre sus brazos la elevó al cielo y la ofreció al Infinito y dijo *"aquí está, es ella la que nació para ser la semilla cósmica de la raza elegida, el huevo cósmico, el que nació del fuego y muere en el fuego para que nazca el ave fénix, aquella que emprende el vuelo mágico y vuela al Infinito para ir en busca de los códigos sagrados de la mente de Dios."*

Luego miro a sus padres y les dijo: *"Dádmela, me pertenece, es mía, yo la educaré como el más estricto de los padres y será perfecta como perfecta es la semilla de la creación, la amaré como se ama la más adorada de las hijas, pero cuando crezca la convertiré en una doncella y la amaré como se ama la hija del amor, con amor infinito como el amor de Dios, ella crecerá y será mi divina compañera y yo la copularé en el altar de la sabiduría del templo de la llama prístina de la esposa de Dios. Entonces el vientre de la madre será el altar de la hija y ella será la novia santa y de su vientre nacerá el hijo del amor y será esposa, hija, madre, mujer y vientre, misterio* **SÓPHICO** *de la trilogía de las hijas de Dios".*

Desde arriba del cielo una intensa luz impregnó el recinto y la voz del Padre sonó como un trueno y dijo*: "Esta es mi hija bien amada. ISHA ELIHA HABBA HABELL, Yo Soy Él que Soy, ELI-HA El Elegido, Hijo de la Luz y Padre de la ESTIRPE ELOHIM y con esta niña se cumple la primera parte de esta profecía, ella es el ave fénix o huevo cigoto de la cosmogonía que posee los códigos del fuego lumínico".*

Luego dijo: *"Pasarán 70 veces 7 eras Crísticas hasta que el Huevo Cósmico sea nuevamente implantado en el útero de la hija elegida y la semilla del sol lo fertilice y se unan nuevamente en la conciencia cósmica de la hija elegida, los Códigos Sagrados de la creación, entonces la semilla descenderá desde arriba y se unirá a la pleura del espacio de Dios y ese día yo regresare a la Tierra lo que la historia separó.*

"Y nacerá la dueña del diamante de la sabiduría sobre estas mismas tierras, de la raza elegida encarnará en doncella humana portadora de los genes de la estirpe perdida de la raza Lémur, herederos de la ciencia sagrada que sus hermanos mayores guardaron en el ADN de su estirpe encarnada, porque en esta

estirpe renacerán los Códigos de la Luz. Y en ella, la princesa elegida, yo activaré los Códigos de la Mente Divina, entonces ese día también yo regresaré de nuevo y me uniré al Ángelus de mi amada hija, mi ÁNGELUS SOPHIA descendiente sagrada de mi estirpe divina".

"Ella habitará en la hija encarnada como la Luz de la Estrella que nos guía y nos muestra el sendero lumínico, como la Stella del Mar de la Cosmogonía, para que el ave fénix renazca en el fuego y emprenda de nuevo el vuelo mágico de los códigos del amor".

"Escucha MELQUÍADES, le dijo, *esta niña que hoy tienes en tus brazos será la madre de la Estirpe Divina, encarnada en la Tierra como útero santo de la semilla de la Luz, que incluye las estirpes MELQUISEDEC, ELOHIM, SÓPHICA, ARCTURIANA, HABELL, ALKAHABELL, está Estirpe Divina conoce los secretos de la Ciencia Sagrada. Ciencia cuyos códigos serán desactivados por mandato divino hasta que llegue el fin de los días y se levante el castigo para que vuelva a renacer de nuevo la hija de la sabiduría.*

Para eso debes fecundar el vientre de esta niña cuando sea doncella y de ella nacerán los hijos de la Luz y esta raza será la estirpe perdida, poseedora de la Ciencia Divina, nacida para proclamar la profecía, porque a unos les di la tierra prometida en la Tierra, pero a estos les daré la tierra prometida del cielo, y esta raza será la gestora de la Hermandad Blanca de la raza lumínica, encarnada en la Tierra".

Es así como comienza esta historia y continúa de este modo:

La pleura del Huevo Cósmico fue conducida hasta el Infinito por el Ave Fénix, allí puso la sagrada semilla y nació el zafiro de la sabiduría, el ave tomo vuelo y se elevó al Infinito y allí depositó el zafiro en la frente de una hermosa niña llamada ÁNGELUS SOPHIA, lo que sucedió fue que el zafiro en ella se convirtió en un diamante de la más extrema pureza, el diamante de la divina sabiduría.

Entonces ELLYON (EL ALTÍSIMO) guardó la esencia de ÁNGELUS SOPHIA en el altar de la sabiduría, tomo la pequeña entre sus brazos y dijo: *"Vamos ÁNGELUS SOPHIA es el tiempo, debes de regresar a donde perteneces, descenderás al centro del Cosmos donde MIKAEL MELQUISEDEC DE ALDEBARÁN, libra cruentas batallas contra los ejércitos del mal, a él naciste unida en el Universo Superior, y lo que está unido en el cielo debe de unirse en la Tierra para que se cumpla la profecía.*

Cuando seas una doncella él te amará como se aman las hijas del amor, entonces el Ave Fénix nacerá en ti como la estrella matutina y regresarás a la tierra donde todo un día comenzó y se unirá en el centro lo que está unido en el cielo, porque en la Tierra se ha completado el proceso de la trilogía de la Creación."

Ella, la sagrada sabiduría es el Ave Fénix que nació de la energía de Dios y que le fue dada a MUHANA LUCIA para que ella fuese la emisora de los códigos de la sagrada sabiduría, y estos códigos que nacieron unidos en el Infinito Absoluto, se separan en el Universo, para unirse en el Cosmos y separarse en las galaxias y unirse nuevamente en el planeta y emprender el proceso de ascensión unidos a través de la fuerza del amor para que la luz venza la oscuridad y SOPHIA salga del cubículo de cristal donde fue puesta la Divina Sabiduría.

Así pues, los SOPHIS, el pueblo elegido de la Hermandad Blanca, tenían a ÁNGELUS SOPHIA diosa de la sabiduría como la más alta jerarca de la luz y ellos adoraban su pureza prístina, a través de la suma sacerdotisa MUHANA LUCIA.

MUHANA LUCÍA creció sin poder sentirse como una niña, estaba destinada a ser la más alta sacerdotisa de la luz, se le enseño a elevar las más bellas oraciones a la diosa ÁNGELUS SOPHIA y a tener con ella una fuerte relación como la de madre e hija. A los 5 años se le enseño a leer y a escribir el lenguaje ELOHIM, a los 6 las matemáticas sagradas, a los 7 las ciencias divinas, a los 8 se le especializo en el manejo de la Luz, a los 9 hacia sanaciones, a los 10 exorcizaba y a los 11 era maestra de la ciencia de la sabiduría en la Tierra, a los 12 queda huérfana y al cumplir 15 se convirtió en sacerdotisa y directora de su pueblo. Su vida fue de oración, estudio y privaciones, pasó su infancia encerrada entre libros, pues estaba destinada a ser una escribana de la ciencia sagrada de la sabiduría, ella comprendió y amo su misión pues sabía que de ella dependía el entregar el conocimiento de esta ciencia divina a la raza humana.

Los SOPHIS evolucionaron hasta alcanzar la maestría METATRÓNICA y elevarse con ella a los Universos Superiores.

Un día, debido a los problemas creados por la estirpe KABBIR, creadores de la raza humana y después del tercer diluvio Universal, la unión intergaláctica le dio la orden de partida al pueblo SÓPHICO y desapareció del planeta utilizando los secretos de tele – trasportación en ele o transustanciación a través del rayo índigo de la trasformación.

Fue así como PRÍSTINA la ciudad rosa de la Neutralidad la Paz, la Armonía y el Amor desapareció del planeta y se elevó al octavo cielo, no sin antes dejar instalados todos los sistemas que 28.000 años después deberían utilizar sus descendientes, en el amanecer de un nuevo día donde se reunirán todos para cumplir con la promesa hecha de la unión de los 144.000 miembros de la Hermandad Blanca.

Los SOPHIS dejaron instaladas todas las redes, las plantas energéticas terrenas, las centrales de energía con los tableros controladores del sistema, esto fue tejido con la Red Cósmica, en donde nuestros hermanos ARCTURIANOS fabricaran los puentes del Arco Iris.

Cuando los NEPHILIMS se empezaron a aparear con las hijas de los hombres, Dios envió un tercer diluvio y ordenó a los dioses encarnados abandonar la Tierra. Él dijo:

Por la necedad de los dioses y la ignorancia de los hombres, la luz ha vuelto a desaparecer de SATANIA, un tercer diluvio azotará el planeta y yo escogeré la estirpe que repueble la Tierra.

Ahora los que han de permanecer en esta Tierra como guardianes de los códigos de la Luz refugiaos en ella, los que sean llamados a ser la raza que conserve los códigos dormidos de una raza que repoblará la Tierra subid a las montañas y allí esperad a los últimos días para que fabriquéis los pilares del cielo.

La otra raza elegida fabricad un arca y poned un par de cada género de la Tierra para que tu raza no se extinga. ARCTURIANOS, tomad vuestras naves y emprended el viaje a Andrómeda desde allí construid un bello puente con los Códigos Lumínicos.

Los demás ELOHIM, MELQUISEDEC ocupad vuestras esferas, elevaos sobre la materia y subid al Cosmos y desde allí preparaos para lo que será vuestra reunificación lumínica.

Setenta (70) veces siete (7) deberán encarnar en la Tierra hasta que logren integrar su conciencia lumínica y deberán descender al Inframundo y allí hallar esa parte de ustedes que custodia la oscuridad y rescatarla y cerrar la compuerta, para que la oscuridad no traspase los límites de la Tierra, la llama AGNI reposara allí y con ella encenderán el fuego sagrado con el que haremos vibrar el planeta.

RAPHAELICOS llevad vuestra esmeralda al centro de la Tierra, pues con ella y su fractal complementario emitiremos la luz verde regeneradora de los tejidos embrionarios del planeta.

La ciencia ELOHIM será una ciencia vetada y solo se dejará entrever bajo la ciencia cabalista de la SÉFORA del pueblo semita, de la estirpe de Abraham según el pacto de Hebrón.

Pasaran cinco Eras y en cada Era una raza distinta dominará la Tierra y con la llegada del toro serán los Egipcios el pueblo elegido para traer la sabiduría, luego vendrá el cordero y la raza Semita llevara la antorcha de la Sabiduría, en la era del pez un nuevo Cristo anunciará el renacer de un nuevo día y cuando el ánfora del agua derrame su sabiduría sobre la Tierra entonces el sol saldrá de nuevo, y habrán trascurrido 28.800 años, un giro galáctico desde el día que ustedes mis hijos sellaron este pacto en la esfera dorada.

Para ese entonces deberán haber alcanzado la trinidad unitaria y por mi divina gracia conocerán a su pareja santa aquella que hace exactamente una evolución Crística, separé de su divina esencia, deberán reconocerse, respetarse, armonizarse y por ultimo amarse, deberán con ese amor encender el fuego y sembrar en el centro de su pecho la llama santa.

Si logran hacerlo, entonces con esa fuerza ustedes serán Magus Magnus y con esta ciencia lograrán recodificar los Códigos Lumínicos de su estirpe sagrada, entonces su espíritu se reunificará y podrán ascender al mundo de la Luz.

Este fue el destino de los herederos del ánfora del agua a nivel planetario, ellos venían de ARCTURUS y SIRIUS respectivamente y allí regresaron cuando se dio la orden de evacuación del planeta por segunda vez, no sin antes sembrar su semilla divina en la memoria genética de su descendencia, ellos fueron guardados y protegidos en las montañas antioqueñas y formaron una estirpe de la cual poco se conoce y a la que se le llamo la estirpe perdida.

Según la profecía los hermanos mayores de SIRIUS y ARCTURUS regresarán al final de los días para hacer conexión con sus hermanos menores, en cuyos códigos genéticos descansa la memoria de la raza de HABELL- ELOHIM. Entonces con el amanecer cósmico la memoria genética de la estirpe perdida retornara a la Tierra, para que se pueda cumplir la profecía de devolverle a raza humana los códigos de la luz, replantando en ellos la ciencia de la sabiduría.

Después de que un segundo diluvio ocasionara la involución del planeta Tierra a una tercera dimensión, y los hijos de la Luz encarnados en la materia fueron separados para que la profecía se cumpliera así en la Tierra como en el Cielo, y con el despuntar de un nuevo día los Hijos de la Luz ya redimida se unieran en la más profunda comunión para crear el fuego diamantino, esta es la historia del segundo pacto y de las estirpes de la Luz que poblaron el planeta después de este pacto.

CAPÍTULO VII

LA HERMANDAD DE LA LUZ

La Estirpe Lumínica o Servidores de la Luz encarnados en este planeta son parte de la Federación Galáctica de la Luz o Hermandad Blanca.

Esta hermandad está conformada por los Maestros Ascendidos o Maestros Superiores quienes dirigen la Federación Galáctica y por los Maestros Encarnados o Maestros en Evolución cuya misión es la formación de los Trabajadores de la Luz o Hermandad Lumínica.

La Hermandad de la Luz o Hermandad Blanca con jerarquía planetaria encarnada está dirigida por la Hermandad Lumínica Superior o Hermandad del Rayo Único y esta a su vez se subdivide en cuatro rayos que son:

-Hermandad del Rayo Oro Rubí - de la energía vital del Universo- Estirpe *STELLARIUM*.

-Hermandad del Rayo Rosa Cristal- de la Luz y el Amor- Estirpe *ARCTURIANA*.

-Hermandad del rayo Plata Diamante - de la Sabiduría y la Pureza diáfana- Estirpe SÓPHICA.

-Hermandad del rayo oro diamante - de la energía, la fuerza y el poder, de la estirpe MELQUISEDEC, que lucha contra las fuerzas del mal, llamado también Rayo del Poder.

La fusión de las cuatro primeras Hermandades, es llamada la ***HERMANDAD DEL RAYO CRISTAL DIAMANTE*** y este es el Rayo más poderoso que existe sobre la faz de la Tierra, este emana una Energía Lumínica o Energía Líquida, que en los Universos Superiores se llama La Quinta Esencia o La Luz.

Los Maestros de la Luz en evolución están conformados por 12 pares de Maestros encarnados que trabajan en parejas unitarias en el desarrollo de los Trabajadores de la Maestría de la Luz, estos representan la Hermandad *del Rayo Blanco*. Esta hermandad, está compuesta por los cinco miembros de *la Hermandad del Rayo Único* y los siete miembros de *la Hermandad ARCANGELICAL*. Ocupando la regencia de las galaxias, desde sus Reinos o Principados, la Casa de los Arcángeles es la protectora de la Hermandad de los Siete Rayos, estos Arcángeles a su vez, se ocupan de emitir su frecuencia vibratoria a los diferentes portales planetarios siendo estos los protectores de cada uno de estos.

Estos se ocupan de:

1.- La Sanación de los tejidos embrionarios del planeta a través del *Rayo Cristal Esmeralda* que trabaja con la energía *KRYON- CASA RAFAELICA* de la Sanación.

2.- La recodificación de la vibración lumínica de la estirpe humana, *RAYO ROSA CRISTAL de la luz y el amor – CASA METATRÓNICA del amor DEL ARCÁNGEL CHAMUEL ARCTURUS*.

3.- La reconexión del *ADN LUMÍNICO*, está es en realidad, la Misión en general de la Hermandad Blanca, pero toda la Hermandad Lumínica participa de ella, especialmente la Estirpe del *Rayo Amatista Cristal o Rayo Violeta Cristal del Arcángel ZADQUIEL* que trabaja estrechamente con la casa

METATRÓNICA del Rayo Plata Cristal ayudando a elevar la conciencia al estado lumínico, a este Arcángel se le llama el guardián de los siete rayos.

4.- El Principado del *Rayo Celeste Cristal o Agua Marina*, de la Estirpe del Ánfora del Agua pertenece al Principado del *ARCÁNGEL GABRIEL*, estos son llamados los anunciadores, de la casa de la profecía, y tienen bajo su tutela a las huestes angelicales.

5.- *EL ARCÁNGEL URIEL* sirve desde la estrella de Altaír en la Constelación del Águila al *Rayo Índigo Cristal o Energía Azul*, de la casa de la Magia Cósmica, a la que pertenecen los *MELQUIADITAS* o Magos Cósmicos descendientes de la *CASA MELQUISEDEC*.

6.- *El Rayo Dorado u Oro Cristal* está dirigido por el *Arcángel Miguel* comandante y jefe de las huestes celestiales, encargado de proteger las galaxias y de gobernar la *HERMANDAD ARCANGÉLICAL*.

7.- *El Rayo Plata- Platino* es una extensión del Rayo Plata Diamante del Arcángel *METATRÓN*, y este Rayo es dirigido por el *Arcángel JOFFIEL* que trabaja para la Casa de la Sabiduría, como protector de la Ciencia Divina, estos son los guardianes del *REINO METATRÓNICO*.

Existen siete Maestros Encarnados Menores que dirigen la Hermandad de los Siete Rayos y representan los Pilares de la Tierra, cada rayo lumínico representa un portal sobre el planeta desde el cual se emite una energía específica. Esto incluye también los portales de los cinco Logos Mayores.

Cada rayo es protegido por un Arcángel que vela por la función que cada rayo realiza, esto son llamados los Logos Lumínicos.

Al igual que de la Luz llamada "La Quinta Esencia" se desprenden los Prismas Lumínicos o cinco Rayos Lumínicos Superiores, del Rayo blanco o Rayo Supremo se desprenden los Siete Rayos del Arco Iris o Rayos de la Evolución, es con estos Rayos que la Federación Galáctica activará *los Puentes del Arco Iris.*

Estos rayos son decodificados desde la Noósfera donde nuestros hermanos *ARCTURIANOS* envían la sonda de luz para el planeta, con la que les dan forma a los *puentes del Arco Iris.*

A la unión de *la Hermandad de los Siete Rayos,* con *la Hermandad Blanca* se le conoce como *La Hermandad de la Luz.*

LA HERMANDAD DE LOS SIETE RAYOS

Solo vamos a hablar de la Hermandad de los Siete Rayos de una manera somera, porque más tarde lo haremos muy detalladamente dentro del Libro de la Historia Sagrada.

La Hermandad de los Siete Rayos es el remanente de la Estirpe Lémur asentada en Sur América después del hundimiento de *LEMURIA*. Para entender cómo se formó esta Hermandad es importante saber que los remanentes de *LEMURIA* en el planeta se asentaron en una nueva tierra que hoy conocemos como Sur América, allí fueron distribuidos los sobrevivientes de esta estirpe y fue formada la nueva Hermandad de la Luz, a la que llamaron **la Hermandad de los Siete Rayos,** su sede principal queda en una isla en el centro de lo que hoy es el Lago Titicaca, donde ellos crearon el templo etéreo de los Siete Rayos, y allí guardaron el altar con la Llama Trina.

Como su nombre lo indica, esta Hermandad está compuesta por un grupo de seres que sirven a la Luz y trabajan para cada uno de estos Siete Rayos, su misión es devolverle la Conciencia Lumínica a la raza humana, haciéndola vibrar en la frecuencia de la luz y el amor, estas funciones las podemos clasificar así:

1.-La Protección de la Madre Tierra - ***Rayo Rojo.***

2.-La Redención de los Códigos de Fuego de la Raza Humana, trabajando con la redención del Cuerpo del Ego - ***Rayo Naranja.***

3.-La Purificación de la materia - ***Rayo Ámbar.***

4.-La Sanación del Corazón Energético del planeta - ***Rayo Verde.***

5.-La toma de consciencia del libre fluir del Universo -***Rayo Celeste.***

6.- La activación de los Supra Sentidos - ***Rayo Índigo.***

7.- La Trasmutación de la materia - ***Rayo Violeta.***

La Jerarquía Inferior de la Luz encarnada en el planeta Tierra o Trabajadores de la Luz está conformada por la Hermandad de los Siete Rayos, esta Hermandad está distribuida en las Siete Escuelas de la Luz o siete Hermandades Lumínicas.

Es muy importante saber cuáles son estos siete Rayos y cuál es la función que cada uno cumple en los diferentes aspectos de nuestra evolución.

Cada rayo dentro de la Hermandad de la Luz trabaja para un fin específico dentro de la evolución lumínica, y dentro de estos siete rayos se encuentran las primeras escuelas de la evolución lumínica, que están basadas en las enseñanzas de la cromatría del Ser, estas escuelas son:

Escuela del Conocimiento- ARCÁNGEL JOFFIEL

Escuela del Perdón- ARCÁNGEL ZADQUIEL

Escuela de la Sanación- ARCÁNGEL RAPHAEL

Escuela del Amor- ARCÁNGEL CHAMUEL

Escuela de la Luz- ARCÁNGEL GABRIEL

Escuela de la Sexualidad Sagrada- ARCÁNGEL URIEL

Escuela de la Sabiduría- PISTHIS SOPHIA.

El ARCANGEL MIGUEL, pertenece a los guerreros de la luz y su función es defender las galaxias de las fuerzas del mal.

Cada Rayo es regido por un *ELOHIM* y posee energía, vibración, tonalidad y función propia, por eso es importante sentir para cual Rayo trabaja nuestro ser a nivel colectivo y cuál es la función de cada Rayo a nivel individual, como parte de nuestra composición lumínica.

Es importante saber que la Hermandad de la Luz con origen terreno, está conformada por 144.000 Seres de Luz que deben aunar fuerzas para ganarle la batalla a la oscuridad.

Cada Rayo está sustentado en un portal lumínico al cual está asignado un grupo de trabajadores que sirven a dicho portal. Son doce portales distribuidos por todo el planeta.

La gran mayoría de la Estirpe Lumínica en el planeta Tierra ha permanecido dormida durante eones, pero escrito estaba que un día cuando fuera el final de los días y el principio del Amanecer Lumínico, ellos despertarían y la voz de los justos se oiría y los Códigos del

Fuego serían remplazados por los Códigos de la Luz y una nueva estrella brillaría en el firmamento, y a ella la llamaríamos la Estrella de la Sabiduría o Estrella del Amanecer Lumínico o el *ÁNGELUS DE SOPHIA*.

CAPÍTULO VIII

LOS TRABAJADORES DE LA LUZ

Los trabajadores de la luz son seres encarnados que con su hacer sirven a la Hermandad Lumínica en el planeta Tierra.

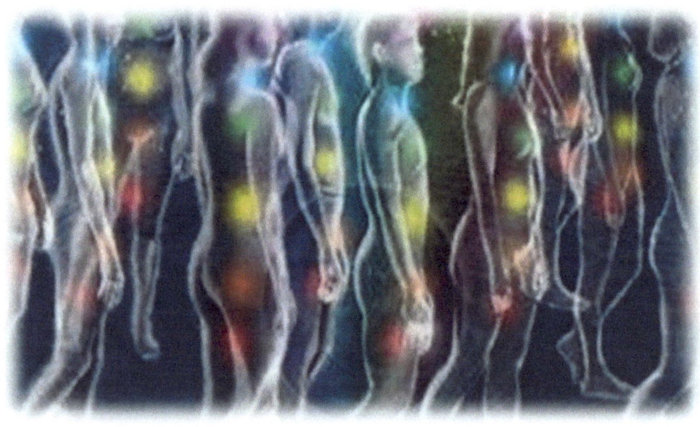

Cada Ser dentro de la Hermandad de la Luz con respecto al Plan del Padre Universal, ocupa un tiempo y un espacio para un fin específico y por eso es importante entender cómo fue planificado este Proyecto Divino, quién es quién y qué papel desempeña dentro de la Hermandad Lumínica.

Todos y cada uno de los Elegidos que hacen parte de este Proyecto Divino saben intuitivamente que independientemente de la labor que desarrollan como seres humanos, ellos fueron asignados a una labor de tipo espiritual que aún no alcanzan a dilucidar con total claridad. Sin embargo, su Ser Superior ha esperado durante varios años el momento de ser despertado al Mundo de la Luz y a la misión que deben cumplir, esa necesidad de trascender ha vivido dentro de estos seres desde su más tierna infancia sin que ellos pudieran saber a ciencia cierta cuál era ese enorme vacío que han buscado tan afanosamente llenar.

Si esta es tu situación, es porque perteneces a *la Hermandad Lumínica*, y es parte de tu misión ayudar a reactivar los Códigos Lumínicos en el resto de tus congéneres.

Al igual que existen los niños Cristal, Índigo y Diamante, anteriores a ellos y como un precedente a la era Lumínica que se avecinaba, vinieron a este planeta los llamados niños Lumínicos o Hijos de la Luz, ellos fueron distribuidos por todo el planeta y concentrados según el Portal Lumínico al que habrían de servir, según la zona geográfica asignada, esto ocurrió desde finales de los años cincuenta hasta finales de los años setenta.

Luego fueron apareciendo los niños Índigo, Cristal y Diamante, que son los llamados a continuar con la labor que sus padres han de crear, y si digo sus padres es porque la mayoría de estos niños son hijos de padres que llevan inscritos dentro de sí los Códigos Lumínicos y por eso se les llama la Estirpe de la Luz encarnada en el planeta o Trabajadores de la Luz.

Algunos seres humanos sienten dentro de su Ser una fuerza que los motiva a buscar su verdadera esencia y cuando logran dilucidar que la Semilla de la Luz habita dentro de ellos, surgen aún más preguntas, ¿Por qué?, ¿Para qué?, ¿Cómo integro este desarrollo y lo llevo al mundo tangible? y más allá ¿cómo sirvo a Dios y a la humanidad con este conocimiento?

Es importante que escuchen la voz de su Ser, ella es sabia, atrévanse a actuar según su sentir, resonar y vibrar y podrán hallar las respuestas que necesitan para comprender quiénes son y por qué la Semilla de la Luz habita en ustedes.

Solo los que se atreven a mirar con los ojos del alma podrán trasformar la energía vibratoria de este planeta, comunícate con tu Espíritu y se parte activa de la Hermandad de la Luz, por esto es muy importante sentir si somos parte de estos trabajadores de la Luz, a cuál portal lumínico pertenecemos, y para cual rayo específico trabajamos.

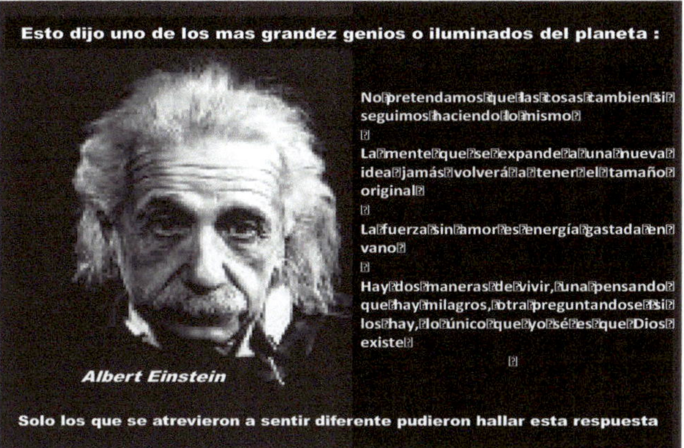

Los campos de acción en el mundo tangible de Las Ciencias de la Luz son muchos y muy variados.

-Existen seres que sirven al *Rayo Verde* de la *CASA RAFAÉLICA,* encargados de la sanación no solo del cuerpo físico, sino también de la regeneración del Cuerpo Almático y de los tejidos embrionarios del planeta.

-Los hay que sirven al *Rayo Ámbar* o Amarillo que trabaja con el sistema de purificación del planeta, cuidando del agua y el ecosistema, estos también trabajan a nivel individual con el mundo de las emociones del tercer chacra, y al mismo tiempo ayudan a la depuración de los residuos karmáticos.

-Están los encargados de cuidar el planeta, del *Rayo Rojo*, que dan servicio desde el escudo magnético de la Madre Tierra, y trabajan con los Elementales, en el cuidado y preservación de nuestro planeta.

De manera individual este Rayo también trabaja con el mundo de los instintos, y con la sanación de los miedos más profundos de la humanidad, a través del instinto de conservación, que nos mantiene atados a nuestra propia auto conservación física.

-Algunos trabajan con el Fuego Cósmico del *Rayo Naranja* encendiendo la Energía Vital de la Tierra, que anima el cuerpo físico. Este Rayo tiene como finalidad trabajar con la fuerza vital de la Madre Tierra, para transformarla en la fuerza que mueve la voluntad humana, es por esto que ellos se nutren del motor que mueve nuestra sexualidad humana, que es la que trabaja con el cuerpo del deseo, aunque esta está estrechamente relacionada con el cuerpo del ego, que es el que nos mantiene atados a este planeta por la fuerza de atracción. A través del *Rayo Naranja*, se trabaja el mundo de las pasiones, ya sea para depurar las bajas pasiones que nos impiden crecer a estados más elevados de consciencia, o incentivando la fuerza de la pasión en la vida que nos ayuda a realizar los proyectos humanos.

-Los Servidores del *Rayo Azul Celeste* o Azul Turquesa de La Estirpe *HABELL* o Hijos de la Luz, son especializados en las artes y la comunicación, trabajan la danza, la música, el teatro y enseñan el arte de aprender a expresar la parte más sensible del Ser, ellos pertenecen también a los Hijos del Ánfora del Agua, del libre Fluir del Universo.

-Los hay pertenecientes al *Rayo Azul Índigo*, de la Clarividencia, la Omnisciencia y la Clariaudiencia, ellos sirven de canales de comunicación de los mensajes divinos.

-Tenemos a los servidores del *Rayo Violeta* que trabajan con el Séptimo Rayo o el Rayo de la Trasmutación, encargado de ayudar a trasmutar el cuerpo del ego para poder así acceder al mundo de la Luz y alcanzar el Nirvana.

La llama del Rayo Violeta es la energía con la que la Hermandad de la Luz está trabajando en estos últimos días, para poder ayudar a la humanidad a trascender el mundo de la materia.

Y es el Maestro Ascendido Saint German el encargado de hacer esta trasmutación. para el planeta.

Su misión es elevar el estado de consciencia de la humanidad, hasta llevarlos al estado de despierto verdadero.

Estas son las siete principales funciones de los que trabajan para la Hermandad de los Siete Rayos, todos estos trabajadores de la luz están comprometidos en el desarrollo integral de la raza humana y del planeta.

Estos siete Rayos representan los Logos menores, pero es importante anotar que los Logos mayores o ***Hermandad del Rayo Único,*** también tiene sus propios portales lumínicos en este planeta y los que trabajan para estos portales reciben el título de Maestros de la Luz encarnados, su misión es darle a esta nueva raza las herramientas para alcanzar el grado de Iluminados y ayudarlos a pasar a la quinta y sexta dimensión.

Para empezar, hablaremos de los Maestros de la Luz encarnados en la materia, diremos que los primeros en orden ascendente son los que trabajan con las Virtudes, los Dones y Ciencias del Espíritu Santo, de la sagrada *SHEKHINA*, estos trabajan desde la Noósfera.

LA NOÓSFERA es la primera casa de los Rayos mayores y pertenece a la casa del *Rayo Plata Cristal, CASA ARCTURIANA* que trabaja en la reconexión lumínica, ellos laboran desde un lugar entre el séptimo y el octavo cielo y es desde allí desde donde ellos construyen los Puentes del Arco Iris.

Estos puentes hacen una conexión entre el Cielo y la Tierra para brindarle a las galaxias inferiores el suministro lumínico que éstas necesitan. También trabajan en la reconexión de los Códigos Lumínicos en la raza humana. Es desde la Noósfera que opera la Hermandad Intergaláctica del Rayo Blanco y es desde allí desde donde se hace la reconexión con la supra conciencia.

Los Maestros encarnados que sirven al octavo cielo trabajan con *el Rayo Rosa Cristal* del amor incondicional. *El Rayo Rosa Cristal* pertenece a la casa de la Compasión, su misión es sembrar la semilla del amor en el planeta. Estos trabajan con la Llama Trina del Amor, la Paz y la Armonía.

El amor es la puerta de entrada al Mundo de la Luz y es la energía del despertar de la conciencia a estados más elevados de plenitud del Ser, porque solo los que han encontrado la plenitud del Ser a través del amor podrán cruzar el portal que los conduce al Reino de los

Cielos. El amor abre la puerta a la Iluminación del Ser y a las virtudes del Espíritu que se santifica a sí mismo a través de la grandeza de su alma.

Los que trabajan para el **Rayo Oro Rubí** son llamados los realizadores del planeta, especialistas en liderar proyectos. Estos, pertenecen a la estirpe de las *STELLAS* encargadas de alinear las energías del Universo, ellos realizan proyectos con la energía vital del Universo, bajando a la Tierra la energía de la fuerza del cielo para volverla una realidad tangible y aplicable en las bajas esferas. Estos son los llamados líderes planetarios y están destinados a ayudar a la raza humana en su evolución física y mental, para así apoyar en el desarrollo del planeta.

El desafío de esta nueva era es que estos líderes tomen conciencia de la importancia de su hacer, para que aprendan a liderar desde el Alma. El liderazgo desde el Alma es parte de la misión de los Maestros del Rayo Oro Rubí, que deben concentrar su fuerza en enseñarle a la humanidad a trabajar con la fuerza del Espíritu Primordial del Ser, solo así podremos construir un mundo mejor, y evolucionar como raza.

El Rayo Oro Diamante, pertenece a las huestes del ejercito Melquisedec de San Miguel Arcángel. Estos son los guerreros de la Luz, y su misión es pelear contra todas las fuerzas del mal que atacan la raza a humana y al planeta.

Erradicar las fuerzas de la oscuridad es básico para poder ascender al Universo de la Luz, las fuerzas de la oscuridad atacan el inconsciente colectivo de la raza humana, manteniendo sometida su voluntad y condicionando nuestra mente a patrones de dolor, miedo, tristeza, desesperanza e ira, que nos impiden evolucionar a estados más elevados de conciencia.

El Arcángel Miguel es quien enfrenta a las fuerzas del mal.

El onceavo Rayo es el **Rayo Plata Diamante**, que trabaja para la Casa de la Sabiduría, estos son llamados la Raza *SÓPHICA* o herederos de *PISTHIS SOPHIA*, encargados de entregar el Conocimiento Sagrado a la raza humana. A esta casa también se le conoce como la raza *METATRÓNICA* y los que trabajan para este Rayo también son conocidos como los Tronos, llamados los Iluminados u Hombres Sabios, dentro de estos también se encuentran los que trabajan para la casa de la profecía.

Es importante anotar que el Rayo Supremo es el Cristal Diamante, de este se desprenden los cuatro Rayos Superiores y por esta razón este es llamado el *Rayo Único*. Este rayo representa la Suprema Energía y en este se unifican los cuatro poderes divinos: Fuerza, Poder, Luz y Sabiduría, en estos poderes se asientan los cuatro pilares del cielo.

La hermandad del *Rayo Único* está representada en este planeta por el *Rayo Oro Cristal,* que es el encargado de liberar a este planeta de las fuerzas del mal y de conectarnos a la Suprema Energía.

Son muchas las funciones que cumplen los Trabajadores de la Luz en este Planeta, es importante saber que independientemente del Rayo al cual sirven, los Trabajadores de la Luz se distribuyen dentro del Portal Lumínico al que pertenecen, de acuerdo al lugar donde presten sus servicios.

Este es en resumen las funciones de los doce rayos lumínicos:

*1-**La enseñanza del Conocimiento y Las Ciencias Sagradas** Rayo Plata Diamante - CASA SÓPHICA* de la Sabiduría.

*2-**La activación de la Energía, la Fuerza y el Poder Divino** Rayo Oro Diamante -CASA MELQUISEDEC* del poder creador.

*3-**La formación de Maestros de la Luz**-* Rayo Rosa Cristal del amor y el servicio - Casa del Amor y la Pureza.

*4-**La unificación de los encargados de trasmutar el karma_planetario** Rayo de la* llama Violeta, Magia Santa.

*5-**Activación de los poderes del ZAFIRO SÓPHICO** - de las Hijas Videntes* de la Casa de la Magia Cósmica -Rayo Índigo.

*6-**La agrupación de la Estirpe de las Artes y la Comunicación**-ESTIRPE HABELL* del libre fluir del Universo, Rayo Cristal Turquesa de los Hijos de la Luz.

*7-**La integración de la Energía KRYON o Energía Verde*** reparadora de los tejidos almáticos del Ser, *CASA RAFAÉLICA* de la sanación.

*8-**Reparación de la Psiquis Kármica,*** Rayo Verde de la *ESTIRPE RAFAÉLICA* que trabaja con la electro bioluminiscencia.

*9- **La reunificación de los Realizadores de los Proyectos de la Luz,*** Rayo Oro-Rubí.

*10- **Los Purificadores de la Luz,*** aquellos encargados de velar por la purificación del agua del planeta - Rayo Ámbar.

*11- **La activación de los Códigos Naranja del Fuego Cósmico,*** que trabajan con la redención del Cuerpo del Ego - Energía Naranja.

*12- **La congregación de los Guardianes del Planeta*** - Rayo Rojo de la tierra- que tienen bajo su cuidado la preservación de los Seres Elementales, la vida vegetal y animal, la activación de las gemas lumínicas y el enraizamiento del hombre a la tierra.

Antes de estudiar los portales lumínicos, analizaremos cuales son los requisitos para ser parte de la Hermandad de la Luz.

¿CÓMO SER PARTE DE LOS SERVIDORES DE LA LUZ EN EL PLANETA?

Tal y como dice la biblia

muchos son los llamados

y pocos los elegidos.

Se hace necesario que los llamados a ser los Maestros de los Maestros de la Luz encarnados en la materia cumplan con una serie de requisitos

1.-Es necesario que tengan una comprensión plena de los procesos evolutivos de su propio Ser, en miras a entender, integrar y sanar las secuelas dejadas en el interior del ser humano por una serie de circunstancias que debieron ser vividas para poder lograr la integración del Ser Divino.

2.-Es importante entender que para avanzar dentro de la Escala Lumínica se deben dejar atrás los viejos patrones de creencias, pues dentro del Plan Evolutivo del Ser Superior a nivel integral, es necesario el des-aprendizaje de ciertas conductas que fueron útiles para el ser humano en determinado período de su vida, pero que una vez procesadas se convierten en el Talón de Aquiles que nos impide avanzar hacia estados de conciencia más altos, para poder asimilar este proceso, debemos tener claros estos detalles:

A- Entendemos por creencias todas aquellas herramientas que en determinada etapa de nuestra vida (entendiendo por vida la cadena secuenciada del Ser Inmortal) fueron útiles para el desarrollo del Ser dentro de un determinado estado de consciencia, incluidas aquellas que marcaron nuestra existencia haciéndonos pensar que ese era el método para alcanzar cierto grado específico de evolución, pero que a largo plazo dejaron una huella indeleble en el Ser Integral, (fusión del Ser humano con el Ser Superior) obligándolo a pensar si fueron buenas o malas.

B- Las experiencias no son ni buenas ni malas, simplemente son métodos de aprendizajes, que una vez superados, deben ser abandonados para que la ciencia no termine por destruir al aprendiz, o el magnetismo energético obtenido, no destruya la conciencia de lo aprendido.

C- Es de sabios comprender cuándo es el momento de emprender el vuelo y abandonar todas aquellas cosas, circunstancias y personas que algún día fueron parte de nuestro camino, pero que hoy constituyen un obstáculo para nuestra evolución.

E- Te contaré un secreto, para poder emprender el vuelo hacia la Luz hay que desapegarse de los viejos esquemas, hay que llorar para poder reír, hay que morir para nacer de nuevo, hay que renunciar para poder tener y hay que perder para poder ganar, debes aprender a soltar, para realizarte en la plenitud de tu Ser.

F- Toda esta disertación que en apariencia suena bastante ilógica para la mente humana que basa en sus apegos, el bienestar y el crecimiento como Ser Humano, de cara a la Ciencia Divina, constituyen los pilares de las leyes del fluir divino y es solo a través de ésta que obtendremos la consciencia de la Pureza Diáfana. Éste es el Secreto del Amor Abundante que mientras más se da, más se multiplica.

G- Contrario a lo que se piensa, son pocos los Maestros de la Pureza Diáfana o Maestros de Maestros sobre la faz de la Tierra, solo los Mansos y Puros de Corazón lo son, porque de ellos es el Reino de la Luz, pero si pululan los Maestros del adoctrinamiento esotérico, político, religioso, científico, filosófico, etc., que creen tener dentro de su ser todas las respuestas para la evolución de la raza humana, y éstas aunque en teoría parecen ser las perfectas, en la práctica están viciadas por la falta de coherencia entre el decir y el hacer.

I-No podemos ser guiados por seres ambiciosos, voluntariosos, competidores, controladores, a los que les falta la valentía para poder perder y les sobra la soberbia para no saber ceder, aquel que no sabe renunciar no es digno de tener.

J- No podemos dejar que la falta de lucidez de unos cuantos, sea la que guíe las mentes ávidas de sanación y luz de una raza que tiene sed de consciencia.

K- El misticismo es una distorsión del ego que incapaz de vencer sus propios miedos, se refugia en creencias que le hacen sentir que ellos son la fuente de donde emana la ciencia y que sus creencias son la misma conciencia.

L- El fanatismo como medio de adoctrinamiento crea estados febriles de sumisión e ignorancia.

M- El exceso de métodos programadores de la mente humana en aras de lograr la realización de la felicidad, es bueno como método de sanación a los traumas de la vida personal, sin embargo, dejan una puerta abierta al vacío existencial, que busca una respuesta a la falta de serenidad, ya no al interior del Ser Humano, sino hacia la realización del Ser Divino. Además, las herramientas de programación de la mente humana pueden resultar demasiado nocivas para la humanidad si son usadas de manera equivocada, pues pueden servir como método de adoctrinamiento que crean estados de fanatismo capaces de aniquilar a la misma raza humana.

N- La Paz Interior, la Felicidad y el Amor son estados del Alma que se integran de una manera definitiva al Ser, cuando éste hace contacto con el Suministro Infinito que conecta el Alma con la Fuente Vital de Energía Divina.

O- Es básico que los seres encargados de la sanación del Alma entiendan que la verdadera sanación del Ser se obtiene al integrar el Ser a la Fuente de la Vida, entonces la programación del guion mental es solo una herramienta transitoria para el desarrollo de los cimientos de la estructura del Ser humano, pero más allá de esa programación hay que curar desde la esencia pura del Ser Superior.

P- El requisito principal para ser aspirante a Maestro de la Luz es que en nuestro corazón se encuentre encendida la llama del Fuego Diamantino, que nos motiva a ir en busca de nuestro Ser Superior y desde allí conectarnos con La Suprema Luz para servirle.

CAPÍTULO IX

LOS PORTALES LUMÍNICOS

Los portales son Centros Energéticos, Eléctricos, Magnéticos o Lumínicos que nos comunican con otras dimensiones.

Los Portales fueron creados a través de redes energético- electro-magnético-lumínicas que emiten ondas que ayudan a conectar las mentes humanas a la radiación que emiten dichos portales. Estas redes se extienden sobre una superficie determinada a lo largo y ancho de un territorio al cual tienen como misión servir.

Cada Portal fue construido por una Raza Estelar que sirvió a determinada Estirpe Lumínica y que una vez completada su evolución, levantó anclas a una nueva dimensión donde ellos instauraron sus Ciudades Etéreas. Para eso, ellos tejieron las redes donde habrían de construir su Ciudad Etérea, en un lugar intermedio entre la tercera y cuarta dimensión, llamado la Noósfera.

Ellos trascendieron como civilización y a partir de ese momento su misión es ayudar a la evolución de los pueblos que les fueron asignados, a través de la Frecuencia Vibratoria que ellos emiten desde sus Redes Lumínicas, Magnéticas, Eléctricas y/o Energéticas, que crean ondas de frecuencias telepáticas que conectan con las mentes humanas de ciertos individuos capaces de captarlas por estar en una frecuencia receptora elevada a través de la vibración del amor.

La verdad es que estas civilizaciones no cerraron totalmente todas las puertas que los comunicaban con la que un día fue su morada. Ellos dejaron abiertas puertas trasdimensionales. A través de estas Puertas ellos viajan a nuestra dimensión como Mensajeros Evolutivos; algunas veces también permiten que algún miembro de la estirpe humana traspase estas puertas para ser instruidos en una misión específica.

Existen Portales distribuidos por todo el planeta, unos activos otros no. En la actualidad son doce portales que sirven de apoyo a la Hermandad Lumínica, cada uno de ellos sirve a una Estirpe determinada que representa un Rayo específico, que tiene una Misión particular.

Sin embargo, cada portal a su vez está compuesto por doce rayos y la sumatoria de todos nos daría los 144 códigos luz que multiplicados por 1.000 nos darían los 144.000 seres lumínicos que sirven al planeta.

Cada portal lumínico representa un Rayo Lumínico, que trabaja para una misión específica según la energía que emite y este está protegido por un Arcángel, a su vez cada portal está dividido en doce rayos que a su vez se sub-dividen en diez de diez para un total de (12x12) x (10x10) = 14.400 seres que trabajan para cada rayo. Estos 14.400 seres multiplicados por 10 portales son igual a los 144.000 Trabajadores de la Luz en el planeta.

Y aunque son en realidad 12 portales, los Rayos Plata Cristal y Plata Diamante pertenecientes a la Estirpe *METATRÓNICA* apodados los Tronos, sirven a la humanidad desde la Noósfera y desde allí emiten las frecuencias que conectan a los *Puentes del Arco Iris* con nuestro sistema planetario, estos puentes nutren del Suministro Lumínico a cada Portal. Y más arriba desde el Reino de *AKHASA,* los *SÓPHICOS* emiten el conocimiento sagrado guardado en los Registro *AKHASICOS* del Universo.

Los Registros AKÁSHICOS son la memoria universal de la existencia, es un espacio multidimensional dónde se archivan todas las experiencias del alma, incluyendo todos los conocimientos y las experiencias de las vidas pasadas, la vida presente y las potencialidades futuras, estos registros son también la memoria de todos los acontecimientos ocurridos en el Universo. El adjetivo AKÁSHICO proviene de AKASHA, un término existente en el antiguo idioma Sánscrito de la India, que significa éter, espacio o energía cósmica, que penetra en todo el Universo y es el peculiar vehículo que transporta el sonido, la luz, y la vida.

Este AKASHA contiene todos los elementos dentro de sí mismo y al mismo tiempo se halla, fuera de estos, sin limitaciones de tiempo o espacio. Es una matriz cósmica inobservable y omnipresente, el trasfondo sutil desde el cual surgen todas las formas, inclusive nosotros mismos.

Es desde AKHASA, desde donde proviene el conocimiento sagrado que le será revelado a la raza humana con el amanecer del nuevo día, este conocimiento nos será dado para poder evolucionar al Reino de la Luz.

Entonces los diez Rayos que sirven a estos portales de manera directa están constituidos así:

1-PORTAL DEL RAYO ROJO, 1-1-1 que trabaja en la conservación del planeta y de los Reinos que la habitan.

2-PORTAL DEL RAYO NARANJA, 2-2-2 que trabaja con la energía vital del planeta a través de la fuerza magnética del elemento fuego, ayudando a la raza humana a utilizar esa energía en pro del desarrollo planetario y se ocupa del manejo del Cuerpo del Ego.

3- PORTAL DEL RAYO AMBAR O AMARILLO, 3-3-3 que trabaja con la energía del elemento agua, en la depuración del *CUERPO KARMÁTICO* de la Estirpe Humana.

4-EL PORTAL DEL RAYO VERDE, 4-4-4 que trabaja con la energía *KRYON*, energía regeneradora de las células embrionarias del planeta y de los códigos genéticos de la raza humana.

5-EL PORTAL DEL RAYO CELESTE, 5-5-5 que trabaja con la energía del libre fluir del Universo y que ayuda a la raza humana a desarrollar su potencial creativo a través del cual pueden acceder al Universo de la creación.

6- EL PORTAL DEL RAYO ÍNDIGO, 6-6-6 de aquellos dueños de la Clarividencia, Clari-audiencia y Clari-cognociencia, encargados de trasmitir los mensajes del Universo Superior.

7-EL PORTAL DEL RAYO VIOLETA, 7-7-7 que trabaja en la trasmutación de los cuerpos inferiores, para ayudarnos a dar el paso al mundo de la Luz.

NOÓSFERA RAYO PLATA CRISTAL, encargado de hacer la conexión entre el Cielo y la Tierra. *ESTIRPE ARCTURIANA* de los puentes lumínicos.

8-PORTAL DEL RAYO ORO RUBI, 8-8-8 que trabaja con la energía vital del Universo, Casa de las *STELLAS,* de los realizadores del plan del Padre Supremo, para la evolución del planeta Tierra.

9- PORTAL ROSA CRISTAL 9-9-9 que emite la energía de la llama trina de la Estirpe

METATRÓNICA, Casa del Amor, la Sabiduría y la Luz. En este portal se encuentran representadas las tres casas de la estirpe *METATRÓNICA,* Razas *SÓPHICAS, ARCTURIANAS Y HABELL* y recibe las ondas que son enviadas desde *AKHASIA* portal 11-11-11, ondas que son emitidas en forma de luz, amor y sabiduría para el planeta.

10- *PORTAL ORO CRISTAL, 10-10-10* de la Fuerza el Poder y la Energía, encargado de proteger el planeta de las fuerzas del mal. Pertenece a la Casa Melquisedec de la Casa de la Luz, y ellos representan el Rayo Único o Rayo Cristal Diamante en este planeta, Rayo que tiene conexión con la divina presencia del Supremo Creador.

AKHASIA- RAYO PLATA DIAMANTE, Reino 11-11-11 de la Sagrada Sabiduría, o Casa de los Tronos y las Vírgenes de Luz, que se encarga de enviar el conocimiento sagrado al portal 9-9-9- desde donde es difundido a la humanidad.

Como pueden ver estos son los 10 portales que trabajan en forma directa sobre el planeta y a estos le agregamos los dos portales de los Tronos de Luz *(AKHASIA y LA NOÓSFERA)* que emiten su frecuencia lumínica en pro del proceso evolutivo de nuestro Planeta y de nuestra raza.

CAPÍTULO XI

EL PORTAL LUMÍNICO DE SANTA SOPHÍA

PORTAL 9-9-9

El portal 9-9-9 era el canal de la Energía Crística que permitía a los Hijos Cósmicos tener contactado con su fuente de la divinidad.

Al fusionar la Llama Trina a la Conciencia Cósmica Universal el hombre adquiere consciencia de su divinidad.

Hablaremos de un Portal Lumínico que tiene relación directa con la Ciencia del Conocimiento Sagrado, se llama el Portal 9-9-9 o Portal Lumínico de Santa Sophía, que pertenece al Rayo Plata Diamante de la Estirpe Sóphica del Ánfora del Agua, Casa de la Sabiduría.

El Portal Lumínico de Santa Sophía se ha materializado varias veces sobre la faz del planeta, como una puerta de entrada al Universo de la Luz, a la espera de poder sembrar en el Planeta Tierra una ciencia olvidada con la caída de los dioses.

Existió sobre Alejandría, donde se hallaba una copia de la gran biblioteca de la sabiduría, que fue incendiada para evitar que este conocimiento se esparciera por el planeta, allí nació como una Ciencia Gnóstica dedicada a Nuestra Madre *PISTHIS SOPHIA,* madre de la Sabiduría y dueña del Conocimiento Sagrado, luego ese Portal existió en Turquía y se erigió sobre el espacio etéreo donde hoy se encuentra la Mezquita de Santa *SOPHIA*.

Pero éste es aún más antiguo y existió hace miles de años a los pies de la Ciudad Etérea de Prístina, en un espacio que hoy se llama Antioquia y cuyo punto céntrico se halla cerca de la actual ciudad de Medellín.

Es allí donde se encuentra uno de los Portales Lumínicos más poderosos del Planeta Tierra y básicamente éste es el Portal Lumínico al que le ha sido asignada la misión de la apertura lumínica a la Región Sur del Planeta Tierra, la cual desempeña un papel muy importante en esta compleja historia, pues lo que terminó en un determinado lugar debe volver de nuevo a sus raíces para completar su ciclo evolutivo.

Ahora hablaremos un poco más acerca de este Portal Lumínico, su historia y la función que cumple en este planeta, y analizaremos el por qué Medellín después de ser la ciudad más violenta del planeta, ha ido transformándose hasta ganarse el premio de la ciudad más innovadora del mundo, convirtiéndose en un laboratorio de paz en medio de la guerra.

Este Portal está localizado sobre la malla Lumínico -Energética de Medellín y sus alrededores, en el Departamento de Antioquia, República de Colombia, allí existió hace milenios un asentamiento Lémur de un pueblo llamado el pueblo *SÓPHICO,* descendientes de la Estirpe Lémur de la Casa de la Sabiduría.

Ellos trascendieron, tejieron sus redes y crearon la Ciudad Etérea de Prístina y el Portal Lumínico 9-9-9 que nos conecta con la Ciencia *SÓPHICA* de la Sabiduría o Ciencia Sagrada. La misión de esta Estirpe es devolver este Conocimiento Sagrado y sintonizar al pueblo que le ha sido asignado, en la vibración de la Era Lumínica que se avecina.

Estamos en el comienzo de un nuevo proceso evolutivo, al final del final de los días y con el, damos comienzo a la apertura de un Nuevo Portal, el Portal Lumínico de Santa *SOPHÍA,* con el cual abriremos la puerta a una Nueva Ciencia, la Ciencia Sagrada de la Sabiduría y con ella el aprendizaje de la Maestría de la Luz para el planeta Tierra.

Se ha hablado mucho de la Evolución Cósmica, los grandes versados o Maestros encarnados han trabajado mucho por alcanzar esta evolución, pero a lo que aquí nos referimos es a una Ciencia más antigua que desapareció de la faz de la Tierra el día que Prístina y su Estirpe *SÓPHICA* levantó anclas del lugar que en épocas milenarias fuera uno de los Enclaves Lumínicos más poderosos del planeta.

Con la apertura de este portal se abre la puerta a una Nueva Ciencia, la Ciencia Sagrada de la Sabiduría dentro de la cual se halla la Ciencia de la Luz.

Este es un tributo a la estirpe *SÓPHICA* de la Casa del Ánfora del Agua que por medio de canalizaciones ha hecho posible que esta Ciencia que aquí se escribe se conozca, pues todo este conocimiento ha sido dictado a través de una serie de canalizaciones a las que ellos llaman los Códigos de *ÁNGELUS SOPHÍA* o el Despertar de la Sabiduría.

CAPÍTULO XI

LOS RAYOS CÓSMICOS Y SU RELACIÓN CON LA HERMANDAD LUMÍNICA

La descomposición de la Luz y la Energía dan origen a los diferentes Rayos del Universo, aunque los Rayos en su totalidad son doce, ellos se clasifican de diferentes formas según su funcionalidad y el lugar que ocupen.

LA CLASIFICACIÓN DE LOS RAYOS DEL UNIVERSO

Los Rayos de la Energía Cósmica, son aquellos que nacen de la descomposición de la energía y se manifiestan a través de ondas energéticas que viajan a través del éter para formar **los siete aros energéticos del**

Universo. Es solo cuando esta energía cósmica se mezcla con las aguas *SÓPHICAS* que adquiere forma y color y se hace manifiesta en forma de Rayos electro-lumínicos que atraviesan el Cosmos para bañar el Universo de Luz, Color, Sonido y Forma.

Los Rayos en realidad son doce, aunque podríamos decir que existe un Rayo que los contiene a todos llamado el Rayo Único o Rayo Blanco o Rayo Diamante, del cual se descomponen los otros rayos. De estos doce rayos, siete son llamados los Rayos Mayores o Pilares del Universo sin importar cuál sea su procedencia, es decir, son rayos de origen cósmico o lumínico o rayos formados en el Universo o por fuera de este.

Estos son: *el Rosa, el Violeta, el Índigo, el Verde, el Celeste, el Oro, y el Plata,* estos siete rayos se forman en el Universo Superior y por esto son conocidos también como los Logos Mayores y de algunos de ellos se desprenden los Logos Menores.

Cinco son los Pilares Menores o Pilares Terrenos, se les llama así porque ellos se forman en el Universo Inferior y son conocidos como *los Logos Menores,* ellos son: los rayos Ámbar, Azul, Naranja, Rojo y Plata Cósmico.

Se les llama Rayos Cósmicos a aquellos que se forman en el Cosmos ya sea por la descomposición de la Luz o la Energía, ya sea que se formen en el Universo Superior o Inferior.

Los Rayos Cósmicos son: *el Violeta, el Índigo, el Celeste, el Verde, el Ámbar, el Naranja, el Rojo, y el Plata Cósmico.* Esto nos daría un total de ocho Logos Cósmicos, aunque el Rayo Dorado y el Cristal Plata también son llamados Logos Cósmicos a pesar de que ellos, en sí, nacen en el Absoluto como rayos a-manifiestos, pero son manifestados en el Universo y son considerados los padres de los Rayos Cósmicos, pues de la fusión del Rayo Plata con el Dorado se crean los otros rayos como la decodificación de la energía y la luz a través de un proceso donde la energía o semen líquido fecunda las aguas *SÓPHICAS* , creando el mercurio *SÓPHICO* que hace que por la energía calórica o solar se decodifique en esencias que al mezclarse con éter líquido se conviertan en prismas lumínicos-energéticos que debido a la misma fuerza protónica son lanzadas al cosmos en forma de rayos electro lumínicos.

De los diez rayos cósmicos solo siete se hacen manifiestos en luz pues el Rayo Dorado es un rayo de energía pura y es el rayo que anima la vida a través de los impulsos eléctricos que este despide y que, en sí, energizan todo lo que toca.

Los rayos Plata y Rosa son rayos netamente lumínicos y se manifiestan en forma de plasma lumínico o energía cristal llamada también energía fría.

Entonces los siete prismas lumínicos son: el violeta, el índigo, el celeste, el verde, el ámbar o amarillo, el naranja y el rojo y si te fijas estos prismas poseen los mismos colores de los chacras lumínicos y esto tienen una razón muy específica pues cada chacra obedece al Código Lumínico con el que vibra, es decir, se activa según la frecuencia emitida por cada rayo.

Se les conoce como logos solares aquellos que se desprenden del logo dorado, es decir, todos menos el Rosa y el Plata ya que estos son logos lumínicos y pertenecen a la casa del Ánfora del Agua y son de esencia femenina.

Existe otra clasificación de rayos que es la clasificación de **los Rayos Cristal:**

- Los rayos cristal o logos lumínicos son aquellos que descienden de forma vertical sobre las esferas del universo para crear los tubos lumínicos energéticos que proveen a los diferentes universos de Luz y Energía Divina.

- El Rayo Cristal puro o Rayo Blanco nos provee de del suministro infinito o suministro divino.
- El Rayo Cristal Rosa nos provee del Elixir del Amor; la fusión de ambos crea el suministro vital o Elixir de la Vida.
- Los Rayos Cristales menores son aquellos que se proyectan sobre el universo en forma horizontal para crear los hilos conectores de luz y energía cósmica o redes cósmicas.
- De estos cuatro Rayos Cristal, dos se forman en el infinito, estos son llamados los Rayos padres y dos en el absoluto y son llamados los Rayos hijos.
- Estos rayos hijos nacen o se forman de la descomposición del suministro vital que a su vez se divide en:

1.- Suministro energético del Rayo Oro Cristal o *HIDRO- HELIO* de la estirpe masculina.

2.- Suministro lumínico del Rayo Plata Cristal o *MERCURIO SÓPHICO* de la estirpe femenina.

De la fusión de ambos nace el suministro cósmico, este suministro cósmico es enviado a los universos inferiores a través del Rayo Plata Cósmico, también conocido como el hilo de plata que es el que actúa como el puente que une el Cielo con la Tierra o el hilo que une al hombre con su esencia primordial.

LA UNIFICACIÓN DE LA ESTIRPE ELOHIM

Un ELOHIM es un HIJO CRÍSTICO cuyo código genético es trinitario, es decir, es un descendiente directo de *ELLYON* (El Altísimo) padre de la estirpe lumínica.

Desde épocas remotas se ha hablado de los *ELOHIM* en los libros sagrados, pero la palabra *ELOHIM* en realidad es el plural de la palabra dioses, entiéndase como plural la androgenidad del ser que abarca Dios padre - Dios madre como los procreadores del Dios hijo o *ELOHIM.* Basado en esto un Elohim es un descendiente por línea directa de *ELLYON,* a ellos también se les podría llamar los hijos de la luz, y son doce y solo doce pares a los que se les conoce como hermanos mayores, aunque son siete los *ELOHIM* de más alta jerarquía.

Se les llama también logos solares porque son las emanaciones *DIOS PADRE- MADRE* en forma de fuego o llama primigenia que se muto doce veces para crear los doce elementos de la creación y de cada uno de ellos emana una energía en forma de rayo cósmico.

Entonces podríamos decir que son solo doce los pares de *ELOHIM* que llevan en su ADN los códigos genéticos del cuerpo solar lumínico y esto es una verdad a medias por que los *ELOHIM* menores tienen un cuerpo solar de acuerdo al lugar que ocupe en la jerarquía, pues ellos asumen los códigos adeénicos del sol de la galaxia que ocupan. Ahí radica la diferencia entre un hijo cósmico, un hijo galáctico, un hijo planetario y uno universal.

Es importante entender que la raza *ELOHIM* es la estirpe divina y aun así la estirpe *ELOHIM* tiene castas y clasificaciones porque en el universo de Nuestro Padre existen y se respetan las jerarquías.

Ambas estirpes de la luz (*METATRÓNICA y MELQUISEDEC*) fueron creadas con la dignidad ELOHIM como descendientes de la casa Crística de luz o hijos de *ELLYON*.

Estos son los 12 nombres de la *ESTIRPE ELOHIM* con dignidad planetaria, seres que algún día encarnaron en este sistema planetario:

1- ELOHIM MALAKIER
2- ELOHIM RATZAEL
3- ELOHIN ZOPHIEL
4- ELOHIM ARIEL
5- ELOHIM SARIEL
6- ELOHIM ZADAQUIEL
7- ELOHIM JEHUDIEL

8- ELOHIM BARICHEL
9- ELOHIM SEALTIEL
10-ELOHIM REMIEL
11-ELOHIM RAGUEL
12-ELOHIM HANEL

Existieron otros doce arcángeles de la luz cuyo comandante era Luzbel, el arcángel con más alta jerarquía que existía en este sistema, pero él se rebeló contra su Padre y así fue como comenzó esta historia de los ángeles caídos, LUZ-BELL se convirtió en lucifer y es el comandante y jefe de la hermandad de la oscuridad.

Entonces al igual que existen 144.000 seres de la Hermandad de la Luz, existen también 144.000 seres de la oscuridad. Los ejércitos de Miguel arcángel se enfrentan a muerte con los de Lucifer, desde hace eones, pero hoy el Armagedón está cerca.

Los logos lumínicos deben de fusionarse en la Tierra para que se cumpla la profecía. Estos son los doce logos lumínicos o cuerpo *ELOHIM.*

1.-LOGO UNIVERSAL

Rayo blanco o rayo diamante

pareja = *padre universal – madre universal.*

llamas= *primigenia y prístina.*

dones = *mente universal y amor universal.*

poder = *la creación.*

facultades = *universalidad, infinitud, omnipotencia, omnipresencia, omnisapiencia, inmortalidad, unidad, la trinidad, la cosmogonía y la totalidad.*

hábitat = *isla central del paraíso.*

elementos universales = *infinito.*

2.-LOGO CÓSMICO UNIVERSAL

Rayo dorado

pareja = *justicia y sabiduría.*

energías = *celeste y rosa.*

dones = *poder – conciencia*

poder = *iluminación*

pilar divino = *la justicia*

pilar terreno = *el equilibrio*

rayo angular = *rojo*

rayo complementario = *plata (es el rayo cósmico de la conciencia o hilo de plata)*

***elementos cósmicos**= cosmos, éter, plasma etéreo y plasma elemental.*

3.-LOGOS PLANETARIOS

***Rayo rosa**= que se desprende del rosa cristal*

***pareja**= serenidad y poder mental.*

***poder**= la neutralidad*

***energías**= rosa y plata*

***rayo complementario**= rojo equilibrio*

***rayos angulares** = plata y oro*

Nota: no posee pilar terreno pues es un pilar cósmico y representa la conciencia universal.

4.-RAYO VIOLETA

***logos** = entendimiento y serenidad*

***poder**= trasmutación*

***energías**= índigo y rosa*

***rayo complementario**= plata terreno (justicia terrena)*

***rayos angulares** = índigo y azul*

5.-RAYO ÍNDIGO

logos= *armonía y creatividad*

poder *= la trasformación*

energías= *violeta y rosa*

rayo complementario= *celeste (el balance)*

rayos angulares *= violeta –plata*

6.- RAYO VERDE

logos= *misericordia y sanación*

poder= *santidad*

energías= *dorada y rosa*

pilar terreno o rayo complemento= *amarillo (paz)*

rayo angular *= celeste naranja*

7.-RAYO CELESTE

logos *= pureza y paz*

poder= *la inefabilidad*

energías *= amarilla y rosa*

pilar terreno rayo complemento= dualidad

rayos angulares =verde amarillo

***elementos de los logos planetarios** =tierra,*
aire, fuego, agua.

Con esta explicación terminamos los Rayos Mayores o Rayos Divinos ellos son de energía masculina y por eso representan los siete poderes divinos así: Creación, Iluminación, Neutralidad, Transformación, Santidad, la Inefabilidad.

LOS PILARES TERRENOS

Ahora vamos hablar de los cinco PILARES TERRENOS, aquellos que se formaron para poder reforzar la estructura del universo y surgieron de la mutación de cada uno de los 5 logos planetarios con el emparejamiento de las cinco hijas terrenas de la justicia y la sabiduría.

Estas cinco hijas como femeninas que son, heredaron la energía plata de su madre que representa la conciencia o hilo de plata que comunica el cuerpo, el alma y el espíritu; el universo, el cosmos y el planeta; o la madre, el hijo, y el padre.

Es por eso que los pilares terrenos son masculinos pero los dones son femeninos y no representan poderes sino virtudes que unidas a sus logos masculinos nos dan las combinaciones de la evolución, para alcanzar la ascensión *METATRÓNICA* que es la meta del hombre planetario.

Los pilares terrenos fueron colocados sobre la Tierra para reforzar la estructura planetaria después de la rebelión de los ángeles caídos y como un refuerzo a las cinco debilidades que doblegaron su voluntad y su lealtad, entonces vamos a analizar esas debilidades para encontrar los logos menores de la energía masculina.

1.- La primera debilidad que causo la rebelión, fue la **soberbia** y la soberbia en realidad es un desequilibrio emocional que nos hace sentir insatisfechos con lo que somos, y en retaliación buscamos el antídoto que nos haga sentirnos más que los demás. Por eso, si la soberbia es un desequilibrio entonces lo opuesto es el equilibrio, si la soberbia es la debilidad el logos es la mansedumbre entonces nuestro primer par de logos menores son el equilibrio y la mansedumbre.

RAYO ROJO

logos= equilibrio y mansedumbre

don = la evolución

rayo complemento= rayo cristal

rayo angular = rayo dorado

La mansedumbre y el equilibrio pertenecen al RAYO ROJO que es el rayo que trabaja con los bajos instintos y que se nutre de la energía celeste que es la energía de los ejércitos celestiales.

2.- La segunda debilidad que causo la rebelión fue la **envidia** y la envidia es un desbalance en nuestra interpretación de la justicia, cuando sentimos que merecemos más de lo que tenemos, entonces por cuestión de interpretación de la justicia envidiamos lo de los demás, por eso nuestro siguiente logo está formado por el balance y la caridad.

Pues la caridad es la virtud de aquellos que están satisfechos con lo que tienen y lo pueden compartir con los demás. Estos logos pertenecen al RAYO NARANJA que trabaja con los antídotos para vencer las pasiones terrenas y su energía es violeta de la serenidad y la trasmutación.

RAYO NARANJA

logos = *balance y caridad*

don = *la trasformación*

rayo complemento= *rayo índigo*

rayo angular = *violeta plata*

3.- La tercera debilidad de la rebelión fue la **vanidad** y la vanidad nos hace sentir que somos superiores a los demás, el antídoto contra la vanidad es la humildad, entonces nuestro tercer logo menor está formado por: la justicia y la humildad y está representado por el rayo plateado que representa la santidad.

RAYO PLATA

logos =*humillad y justicia terrena*

don = *conciencia*

rayo complemento= *violeta*

rayo angular = índigo azul

4.- La cuarta debilidad fue el egoísmo, el **egoísmo** nos hace sentir que somos seres aislados en el universo, que lo único importante es nuestro propio bienestar, entonces los seres egoístas son aquellos que han perdido su sentido de unidad y son incapaces de dar.

La virtud opuesta al egoísmo es la bondad, un ser bondadoso es aquel que es capaz de multiplicarse, de dividirse, de unirse, para hacer parte del universo en perfecta unidad, entonces nuestros quintos logos son: la bondad y la unidad y están representados por el rayo azul de la energía celeste que se nutre del rayo rosa que es el rayo del amor universal.

RAYO AZUL

logos = *unidad y bondad*

don = *ecuanimidad*

rayo complemento= *celeste*

rayos angulares = verde y amarillo

5.- La quinta debilidad fue la **avaricia**, que tiene que ver con el deseo de acumular, llámese dinero, poder, etc. entonces la avaricia es la debilidad de aquellos que siempre quieren tener más y por eso nunca están en paz pues jamás están satisfechos. El antídoto contra la avaricia es la abundancia y la abundancia es el secreto de la felicidad entonces un ser feliz siempre tendría paz, la paz y la abundancia representan la sanación del alma.

RAYO AMARILLO

logos = *paz y abundancia*

don = *la pureza*

rayo complemento= *el verde*

rayo angular = *el celeste naranja*

CAPÍTULO XII

EL PLAN DE LA HERMANDAD DE LA LUZ PARA EL AMANECER DE UN NUEVO DÍA

¿Cuál es el plan para el amanecer de un nuevo día? y ¿Cuál es el papel que la hermandad de la luz vino a cumplir para el final de los tiempos?

¿Porque vinieron los seres de la luz a supervisar la raza humana?, ¿cuál fue la promesa que Dios Nuestro Padre le hizo a este planeta?, ¿qué significa el fin de los tiempos?, ¿qué misión vinimos a cumplir?

Escrito estaba como parte de una Promesa Divina, que los Códigos de la Luz serían reconectados y una Nueva Raza Lumínica empezaría a habitar esta Nueva Tierra.

Poco a poco estos códigos irían apareciendo como Estados de Conciencia más elevados en seres que, aunque encarnados en la materia, son habitados por Espíritus que poseen Almas Lumínicas; poco a poco estos seres están empezando a despertar y a sembrar la semilla de la Luz en esta Nueva Tierra.

Si eres uno de estos seres toma conciencia de tu Ser Superior y entiende que, para poder realizar tu misión debes de aprender a dejar atrás todas aquellas actitudes que le impiden brillar a tu luz interior.

Al acercase el final de los días, se viene hablando sobre profecías que están ligadas a la misión que deben cumplir los integrantes de la Hermandad Lumínica. Hasta ahora empiezan a despertar los integrantes de la hermandad lumínica y tímidamente cada uno cumple con una misión específica de acuerdo a los dones recibidos y nos alegra ver cómo trabajan con amor por la evolución de la humanidad.

Pero adicional a esto, la misión más importante es activar los Códigos Lumínicos que harán vibrar al planeta en la frecuencia del amor, para eso estos códigos deben ser activados en ustedes mismos y fusionados como una sola unidad que hará vibrar la conciencia hasta despertar del sueño en que se encontraba sumida.

Esta magia sinérgica terminará de activar los filamentos desconectados de la memoria lumínica de la raza elegida, entonces podrán terminar de encontrar las claves y harán contacto con los seres que los vienen ayudar mostrándoles el sendero a seguir y dotándoles de la información necesaria para poder utilizar el conocimiento en la reparación de redes energéticas que dejaron de funcionar desde épocas muy antiguas.

Poco a poco irán haciendo contacto con el grupo asignado a esta misión y cada quien hará su parte, se encontrarán los fractales escondidos a lo largo del continente para poder activar los Códigos del Templo de la Luz, donde habitan en presencia lumínica los siete hermanos mayores de la hermandad blanca, allí habitan en espíritu las siete fuerzas lumínicas energéticas que sanarán el planeta y repararán los códigos embrionarios de la raza humana.

La energía del RAYO VERDE es fundamental para esta misión y las naves mayas pertenecientes a los ejércitos sanadores de nuestro hermano Rafael ya están realizando su trabajo desde el centro de operaciones en el lago Titicaca, ellos buscan la esmeralda *RAFAELICA* que *ZEUS* robo de la cabeza de la princesa *MAYA ESTEFANÍA* el día que la rapto y la llevo a vivir en el planeta *NIBIRU*, luego tanto *MAYA ESTEFANÍA* como la esmeralda fueron recuperados por los ejércitos *ARCTURIANOS* y la esmeralda fue puesta bajo tierra por los *ARCTURIANOS* antes de que ellos abandonaran el planeta, despúes del segundo diluvio universal , esta esmeralda es un fractal lumínico que emite códigos sanadores y que al unirse con la otra mitad del fractal reparará la salud energética de este planeta y de sus habitantes.

Cada logo debe activar una energía y es el logo dorado, hermano mayor de la hermandad, aquel que debe reunir todas estas energías y unificarlas.

La Hermandad Blanca es la agrupación de los hijos de la Luz o *ELOHIM*, que habitaron este planeta hace eones, eran doce *ELOHIM* que vinieron al planeta con una misión evangelizadora, pues ellos venían velar por el desarrollo de la *RAZA HABELL* a la que le fue dado el reino de los cielos, su misión era supervisar que esta evolución se cumpliera dentro de los códigos éticos de la estirpe *ELOHIM*.

Para poder realizar la misión *ELOHIM* el primer requisito es la unificación de la unidad *ELOHINICA* en la presencia de las parejas cósmicas que reencarnaran al final de los días, a través de una pareja humana, que guardan en su códigos genéticos, el recuerdo de una misión que quedó inconclusa y que por orden de nuestro Padre El Altísimo debería esperar hasta que la raza humana cumpliera la condena que nuestro Padre impuso cuando los ángeles caídos se mezclaron con las hijas de los hombres interrumpiendo el proceso de evolución terrena.

Tiempos difíciles se avecinan, porque ellos los *NEPILIM GREGORIUS (DRACONIANOS)* alistan sus ejércitos en una batalla silenciosa que se librará desde las más altas esferas de poder planetario, pues ellos los Draconianos tienen piezas puestas en las más altas esferas gubernamentales, religiosas, económicas, y científicas.

Al igual que los códigos genéticos de los *ELOHIM* están encarnados en un grupo de 144.000 seres de luz, los ejércitos de los Draconianos están encarnados en los 144.000 seres de oscuridad, vientos apocalípticos corren y las profecías se irán cumpliendo como estaban escritas.

Los *ELOHIM* alinean su energía a través de la activación de las redes cósmicas que causarán un efecto sanador al interior de la estructura genética tanto del planeta como de sus habitantes, esto los despertará a una nueva conciencia que impedirá que la fuerza poderosa Draconiana se sigan apoderando de la voluntad colectiva de los habitantes de este planeta, para eso la trinidad lumínica en cada uno de los miembros de la Hermandad Blanca se debe completar, es decir, que la Luz que ya existe hacia el interior de su Ser debe unirse con la Luz que emana de la Tierra y del Cielo para juntarse en un lugar que se llamará el cenit planetario.

Epílogo: La Escuela Rayo Único

Los códigos lumínicos están llegando al planeta de diferentes formas, esto dependiendo del Ser o canal que sirve para su anclaje en este sistema. Los Códigos de Ángelus Sophía o el Despertar de la Sabiduría, contienen dichos códigos lumínicos en forma de conocimiento sagrado, es una ciencia lumínica que será integrada en la consciencia de cada Ser en la medida de su nivel de consciencia.

Cada quien, a su propio ritmo, irá recibiendo estos códigos lumínicos hasta que este conocimiento se vuelva parte de su esencia, es decir, parte de su árbol de la vida ya que este conocimiento sagrado es parte del Árbol Sagrado de la Vida.

Para aquellas personas que deseen ser orientados en relación a como ir integrando esta ciencia lumínica ponemos a su disposición a la

Escuela Rayo Único, formada por seres del servicio consciente impersonal al Padre Universal, la Jerarquía de la Luz y el Espíritu Santo, y que ayudan a incorporar el conocimiento sagrado a través de prácticas de meditación, en este contexto el Rayo Único es el rayo del perfeccionamiento continuo de la evolución de la consciencia y la vida.

www.rayounico.com

email:escuelarayounico@gmail.com

@escuelarayounico

www.ingramcontent.com/pod-product-compliance
Lightning Source LLC
Chambersburg PA
CBHW040943110726
48006CB00007B/1238